Ich mag die liebenswerte Jungfrau

Ich mag die liebenswerte Jungfrau

Heiter-Besinnliches
über einen
unverwechselbaren
Menschen

Scherz

Zusammengestellt von
Hedwig Rottensteiner

Scherz Verlag, Bern, München, Wien

Schutzumschlag mit Titelvignetten
von Tilman Michalski

Inhalt

Im Einklang mit sich selbst 7

Ihr Geheimnis in der Liebe 16
Streben nach Vollkommenheit

Die dunklen Seiten 18
Besserwisserei zerstört oft alle Kreativität

Kleines Psychogramm 22
Jungfrauen sind viel besser, als sie glauben

Die Soldaten-Kersta – Eduard von Keyserling 24

Verhaltene Liebe 44

Louise – William Somerset Maugham 49

Traumpartner der Liebe 58
Der Jungfrau-Mann ist treu wie Gold
Die Jungfrau ist nicht halb so hart und kühl, wie's scheint

Ihre Handelsmarke – Julia O'Faolain 69

Sinnlichkeit im Zeichen der Jungfrau 94
Die Jungfrau hegt geheime Träume
Ritterlichkeit vor Leidenschaft: der Jungfrau-Mann

So fängt man's an 102
Witz und Können sind das A und O

Perfektionismus im Beruf 104

Das liebe Geld 106
Sparschaft bringt Barschaft

Die Jungfrau als Chef – ein Organisationstalent 108

Der Jungfrau-Angestellte ist absolut zuverlässig 114

Roter Kaliko – Frank R. Stockton 119

Quellennachweis 126

Im Einklang mit sich selbst

Das uralte Klischee des adretten, ordentlichen, sauberen Menschen mit dem ausgeglichenen Bankkonto und der makellosen Küche sollten wir gleich von Anfang an aufgeben. Über diese Vorstellung können die meisten Jungfrauen nur zynisch lachen. Aus schwer begreiflichen Gründen wird die Jungfrau auf traurige Art fehlgedeutet. Diese Gründe rühren möglicherweise wie so viele andere astrologische Fehlinterpretationen aus dem Mittelalter her, als man versuchte, ein symbolisches System, das viel älter und umfassender als das Christentum war, zu «christianisieren» und zu moralisieren. Manche Zeichen schneiden ziemlich schlecht ab, wenn man versucht, Symbole gesellschaftlichen Vorstellungen anzupassen, und die Jungfrau und den Skorpion hat es dabei am schwersten erwischt. Ewig als Sekretärin einerseits oder als Sexbessene andererseits abgestempelt zu werden, hat schon viele Jungfrauen und Skorpione erbost.

Jedes Zeichen besitzt einen tiefen, wesenhaften Antrieb, eine innere Motivation, die sich auf das Einzelwesen auswirkt, ob es sich dessen bewußt ist oder nicht. Dieser innere Antrieb wirkt sich auf verschiedene Menschen natürlich verschieden aus. Ob er sich nun physisch, psychisch oder geistig umsetzt, er kommt aus derselben Quelle. Der innere Antrieb der Jungfrau gilt nicht der Sauberkeit. Es wird immer wieder behauptet, Perfektionismus sei eine Haupteigenschaft der Jungfrau. Nach meinen Beobachtungen ist dies nicht der Fall. Differenziertheit, ja, das ganz bestimmt. Niemand differenziert mehr als die Jungfrau. Ein schlichtes Ja oder Nein tut es bei ihr nicht; sie sagt ja zu diesem Teil und vielleicht auch zu jenem, aber sicher nicht zu dem mittleren, und zum letzten sagt sie bestimmt nein. Nichts ist für sie schwarz und weiß. Das würde ja eine einfache Welt voraussetzen, und für die Jungfrau ist die Welt selten einfach. Sie ist ein riesiges, grenzenloses Puzzle-Spiel, und es treibt die Jungfrau zum Wahnsinn, wenn sie auf dem Deckel des Kastens keine Vorlage hat, ehe sie beginnt, die Teile zusammenzusetzen. Die Jungfrau hat eben ein stark entwickeltes Unterscheidungsvermögen. Das drückt sich bei ihrer Wahl von Freunden, Liebespartnern, Ideen, ihrer Ernährung, ihrem Lebensstil, der Kleidung, der Lektüre, ihrem künstlerischen Geschmack und auf jedem anderen Gebiet aus, auf dem es Wahlmöglichkeiten gibt. Um Perfektionist zu sein, muß man jedoch auch Idealist sein, mit dem Idealbild dessen, was perfekt ist. Und die Jungfrau ist keine Idealistin. Sie ist eines der realistischsten, wahrscheinlich *das* realistischste Zeichen des Tierkreises. Die Jungfrau hat keine unmöglichen rosaroten Vorstellungen von einer perfekten utopischen Welt, nicht mal die einer perfekten utopischen Küche. Die Jungfrau greift immer nach dem Erreichbaren. Das Element der Erde strebt nach irdischer Realität.

Es ist auch behauptet worden, daß es zwei Typen der Jungfrau gibt, die ordentlichen und die schlampigen. Das mag wahr sein, denn bei jedem Zeichen gibt es zwei Typen, die introvertierten und die extravertierten. Die extravertierte Version eines jeden Tierkreiszeichens will sich nach außen hin ausdrücken. So sieht der extravertierte

Widder in der Welt eine Herausforderung; der extravertierte Schütze erforscht die Welt; der extravertierte Fisch projiziert seine Visionen in die Welt. Die extravertierte Jungfrau versucht zweifellos, ihr Verlangen nach Klassifizierung und Ordnung auf eine weltliche Ebene zu verlegen, während die introvertierten Menschen dieses Zeichens ihre Natur durch eine innere Wirklichkeit ausdrükken. So wie der introvertierte Steinbock geistig und psychologisch ehrgeizig ist, der introvertierte Schütze die grenzenlosen Räume von Geist und Seele durchreist, der introvertierte Fisch sich in die Tiefen seines inneren Ozeans mit seinen geheimnisvollen Bewohnern versenkt, versucht die introvertierte Jungfrau, sich selbst zu ordnen und in Einklang zu bringen. Das bedeutet, daß sich sehr wohl im Spülbecken ein Wochenvorrat an schmutzigem Geschirr ansammelt, im Haus das totale Chaos herrscht und die Welt vor die Hunde gehen kann, solange sie nur in der Lage ist, in der Alchemistenküche ihres Inneren für sich selbst zu experimentieren.

Das Wort Einklang bietet einen besseren Schlüssel zur inneren Motivation der Jungfrau als der Begriff Perfektionismus. Einklang bedeutet, daß verschiedene Dinge zusammengebracht werden. Es bedeutet auch, daß man Dinge, Ideen oder Aspekte des Lebens vereinbar findet, von denen die meisten Menschen glauben, daß sie einander ausschließen. Der Zwang und die Gabe der Junfrau liegen auf dem Gebiet der Synthese. Alles muß zusammengefügt und eingepaßt werden. Sie muß herausfinden, wie und wohin alles paßt, indem sie es benennt, erforscht, kategorisiert und klassifiziert. Bei *Merkur*, dem Götterboten und Gott der Intelligenz und der Kommunikation, als dem heutigen Beherrscher dieses Zeichens, sollte man den Drang nach Wissen erwarten. Aber der Unterschied zwischen der Jungfrau und den Zwillingen, die ebenfalls vom

Merkur regiert werden, ist der, daß die Zwillinge Wissen um ihrer selbst willen ansammeln wollen, während die Jungfrau Wissen nur dann für wichtig hält, wenn sie es verwenden kann.

So kann man sagen, daß im Geist der armen Jungfrau eine kleine Stimme bei jeder neuen Erfahrung ständig wiederholt: «Wie kann ich das in Einklang bringen? Wie kann ich das verwenden?» Wenn sie keine Synthese dafür findet, wird sie so tun, als existiere es nicht, oder sie macht sich zäh auf die Suche nach Namen und Definitionen, die es ihr ermöglichen, für die Erfahrung eine Schublade zu finden und so mit ihr umgehen zu können. Kann sie sie nicht verwenden, wird sie von ihr recht frech und arrogant abgetan. Sollen sich doch die weniger praktischen Leute damit abgeben.

Der Zwang zur Unterscheidung macht die Jungfrau manchmal schroff. Sie wird Menschen, Ideen, Karrieren oder schöne Dinge beiseite werfen, weil sie sich nicht in ihr Bild der praktischen Realität einfügen oder ihm anpassen lassen. Manchmal wirft sie sogar die Liebe über Bord, und das ist tragisch, denn dann lernt man die Art von Jungfrau kennen, deren Leben aus nichts als Arbeit und Mühsal besteht. Dieser Jungfrau-Mensch ist dann oft ein Zyniker, der die Wirklichkeit mit scheelem Blick betrachtet; er weiß sehr genau, daß man schlau sein muß, wenn man überleben will, und ist bereit, ein wenig zu schwindeln und alles aufzupolieren, weil es sich dann besser verkauft. Andererseits: Wenn er etwas tut, tut er es gut; einmal, weil er stolz auf seine Fertigkeit ist, zum anderen, weil er ein guter Geschäftsmann ist.

Gelegentlich ist das einzig Ordentliche, das man bei einer Jungfrau sieht, das Büchergestell. Viele Jungfrauen stufen die Wissenschaft übermäßig hoch ein. Bücher sind für sie eine Personifizierung des Geistes, und ihr Geist funktioniert oft wie ein sehr empfindliches Uhrwerk: Er ist ständig in Bewegung, katalogisiert, sortiert, überdenkt und etikettiert. Vielleicht sammeln sich auf ihrem Teppich die Wollmäuse, aber man kann sicher sein, daß sie gerade ihre Psyche putzt. Viele Jungfrauen fühlen sich von der Astrologie angezogen wie die Ente vom Wasser; allerdings nur dann, wenn es ihnen gelingt, ihren Widerstand gegen die Aura von vagem Spiritismus zu überwinden, mit der populäre Zeitungsspalten dieses Wissensgebiet umgeben haben. Die Astrologie und andere kosmologische Karten bieten der Jungfrau nämlich die Bestätigung, daß das Universum geordnet und Gott überaus penibel ist.

Auch der Drang zu Dienstleistungen ist bei der Jungfrau stark entwickelt. Sie muß gebraucht werden und muß das Gefühl haben, nützlich zu sein. Die typische Jungfrau ist nicht besonders ehrgeizig; ihr fehlt die Einseitigkeit, ausschließlich *ein* Ziel zu verfolgen. Ihre Neigung, nach immer größeren Stückchen zur Vollendung des gewaltigen Puzzle-Spiels zu suchen, nimmt ihr das Verlangen, den Blick allein auf ein Stück zu konzentrieren. Selten nur wird eine Jungfrau nach offenkundiger Macht streben. Meistens findet man sie als Berater eines anderen, der töricht genug war, sich den Thron zu erobern und all die damit verbundene Mühsal auf sich zu nehmen. Die Jungfrau selbst, klug wie immer, zieht es vor, hinter dem Thron zu stehen und sich aus der Schußlinie zu halten. Sie ist realistisch. Draufgängerische Löwen, Widder und Steinböcke drängen nach oben. Die Jungfrau weiß, daß das, was oben ist, wieder herunterkommen muß; sie bleibt lieber gleich auf der Erde. Falls eine Jungfrau nicht viel vom Löwen in ihrem Horoskop hat oder der Einfluß der Sonne sehr stark ist, wird man sie eher durch ihre Arbeit kennenlernen als durch ihre entgegenkommende Persönlichkeit.

Die meisten typischen Jungfrauen sind ziemlich scheu; wenn sie nicht ausgesprochen zurückhaltend sind, dann doch stiller und verschlossener als ihre Freunde mit anderen Zeichen. Da sie so erdgebunden ist, liebt die Jungfrau Sicherheit, und dieses Verlangen nach Sicherheit wird oft zu einem Problem; denn es hält sie davon ab, sich auf schöpferischem Gebiet zu versuchen, was Mut und einen hohen Einsatz verlangt. Man wird häufig Jungfrauen begegnen, die seit vielen Jahren in untergeordneten beruflichen Positionen ausharren, in denen ihre natürliche Intelligenz und Phantasie verkümmern, weil das monatliche Gehalt eine so wunderbare Sicherheit mit sich bringt. Abgesehen davon interessiert es die Jungfrau mehr, weshalb sich die Räder am Auto drehen, als es zu fahren und damit an Rennen teilzunehmen. Sie studiert und beobachtet das Leben; sie ist kein Spieler oder Unternehmer. Es wird behauptet, die Jungfrau sei ein besserer Diener als Herrscher. Das ist zweifellos wahr. Hinter dem Thron Macht auszuüben, paßt der Jungfrau sehr. Kunstfertigkeit und Schläue treffen bei diesem schwierigen Zeichen häufig zusammen. In der griechischen Mythologie war Merkur auch der Gott der Diebe und der Lügner, und er war der Geschäftsmann.

Es gibt noch einen manchmal liebenswerten und manchmal in Wut versetzenden Wesenszug der Jungfrau, der erwähnt werden sollte. Es ist ihre Besessenheit. Sie mag von äußerer Ordnung und Sauberkeit besessen sein; ebensooft ist sie aber von seelischer Ordnung und Sauberkeit besessen, und das heißt dann: Nie die eigenen, inneren Schwächen zeigen. Die Jungfrau ist groß im Beherrschen der Gefühle. Sie erfindet Rituale, um ihre dunklen Seiten im Zaum zu halten. Ob es nun die objektbesessene Jungfrau ist, die alle gelben Hemden auf eine Seite des Schrankfachs legt und hysterisch wird, wenn ein blaues dazwischengemogelt wird, oder ob es die schmallippige, gefühlsgehemmte Jungfrau ist, die aus dem zwanghaften Wunsch heraus, nur ja keine Schwäche zu zeigen, alles analysiert: Die Wurzel ist dieselbe. Chaos und seelische Empfindsamkeit, Schlampigkeit, Romantik und Vorstellungskraft lauern heimlich in den Tiefen der Seele der Jungfrau. Sie muß zu oft gegen das eigene Chaos kämpfen, um vage Verschwommenheit bei anderen oder in der sie umgebenden Welt zu tolerieren. Dazu hat sie selbst zuviel davon in sich. Die scheinbare Härte und Rücksichtslosigkeit der Jungfrau – kein Zeichen sagt so schnell nein – ist nur ihre Methode, die eigene ungeheure Empfindlichkeit zu schützen. Ihr berühmter Geiz – und viele Jungfrauen sind wirklich ungeheuer geizig, wenn es um Geld geht – ist oft eine Tarnung der eigenen, angeborenen Extravaganz. Und der Zwang, sich an den Realitäten des Lebens festzuhalten, hilft ihr, den Geheimnissen der eigenen Seele zu entfliehen.

Ein komisches Wesen, diese Jungfrau. Gar nicht tief unter der kühlen, analytischen Lackschicht steckt ein sentimentaler Romantiker. Die Jungfrau kann schroffen Wesens sein, und man versucht besser nicht, sich von ihr Geld zu leihen, wenn man nicht schon bewiesen hat, daß man es zurückzahlen kann. Fische mögen vielleicht ihre letzte Mark einem betrunkenen Stadtstreicher schenken, selten jedoch eine Jungfrau. Sie wird viel eher einen strengen und kaum zu ertragenden Vortrag über das Thema «Hilf dir selbst, dann hilft dir Gott» halten. Das liegt häufig nur daran, daß sie sich der Trinker, Versager, Rumtreiber und des Strandguts des Lebens allzu bewußt ist und entsetzliche Angst davor hat, selbst so zu werden. Die Sicherheit der Zukunft zu planen und zu garantieren ist für die Jungfrau ein Zwang, weil es ihr die geschärften Sinne für die Welt, wie sie wirklich ist, schwermachen, dem Leben zu vertrauen und an es zu glauben. Sie wird mit dieser Wirklichkeit, der sie so verhaftet ist, nicht richtig fertig. Sie bedroht ihre Stabilität. Darum schließt sie sie aus. Sie bekämpft alles, was ihr unverständlich ist, und sorgt für das Wichtigste, sich selbst. Man wird zwar oft großzügigen und scheinbar altruistischen Jungfrauen begegnen, die freigebig mit ihrer Zeit und ihren Talenten umgehen, vor allem dann, wenn sie jemand etwas beibringen können, und die es lieben, ihre Geschicklichkeit vorzuführen, und ihr Wissen gern mit anderen teilen. Aber das Geben hat seine Grenzen. Meistens lernt die Jungfrau ihre Lektion früh. Es ist fast so, als hätte sie einen verborgenen Fisch in sich und auch dessen Lektion gelernt: Wo keine Grenzen sind, beginnt die Selbstauflösung.

Das große Ziel dieses scheinbar so bescheidenen Zeichens ist die eigene, von ihm selbst beherrschte Psyche, die in sich selbst integrierte Persönlichkeit, die sich frei geben kann, weil sie nicht fürchten muß, sich in einem anderen zu verlieren. Die Jungfrau kann aus der eigenen Vollkommenheit heraus ihre Lebenserfahrung wählen, statt sich durch das Verlangen, sich in anderen zu finden, in Beziehungen oder Situationen treiben zu lassen, die sie zerstören oder unterjochen. Manchmal erkennt man im Leben von Jungfrauen dieses Bestreben nach Selbstfindung daran, daß sie zeitweise allein leben müssen. Tatsächlich scheint dies fast eine Notwendigkeit für die Jungfrau zu sein, um sich selbst entwickeln zu können. Für jeden Menschen ist es schwer, sich der Einsamkeit zu stellen, aber viele Jungfrauen erlegen sie sich auf, nicht weil sie andere nicht brauchen, sondern weil ihnen etwas sagt, daß man erst lernen muß, man selbst zu sein und die eigene Gesellschaft zu schätzen, ehe man dies anderen erlaubt.

Für die Jungfrau ist jede Erfahrung eine persönliche Begegnung und nicht ein Gruppentreffen. Sich einem großen Kreis zu stellen, liegt ihr nicht. Sie hält sich für sich. Die zwanghafte Selbstvervollkommnung, die man so häufig bei Jungfrauen antrifft, der endlose Strom von Büchern, Arbeitsgemeinschaften, Vorlesungen und Gesprächen darüber, wie man gesund lebt, wie man dieses lernt und jenes beherrscht, all das hat eine tiefe symbolhafte Wurzel. Es ist das Bedürfnis, sich für eine vage gefühlte nächste Phase vorzubereiten, auf die die Jungfrau wartet, ohne wirklich zu wissen, worauf sie wartet und sich vorbereitet.

Ihr Geheimnis in der Liebe

Streben nach Vollkommenheit

Die Jungfrau (deren tieferes Selbst von flüchtigen Romanzen der Jugendzeit unberührt geblieben ist) wird daran erinnert, daß Reife auch ernste Pflichten und Verantwortung mit sich bringt. «Ich analysiere», sagt die Jungfrau abwehrend und bemüht sich um Vollkommenheit.

Die Jungfrau-Seele ist wie ein Erwachsener, der von dem Zwang, sich den gesellschaftlichen Regeln und Beschränkungen anpassen zu müssen, frustriert ist, sich ihnen jedoch mit angeborener Höflichkeit unterwirft. Diese Männer und Frauen haben entdeckt, daß sie auch anderen irgendwie dienen müssen, wenn sie ihre eigenen Bedürfnisse befriedigen wollen. Der Einfluß der Jungfrau lehrt sie, daß man arbeiten und Geld verdienen muß – daß man anderen nützlich sein muß –, um Freiheit für das Vergnügen zu bekommen. Uhren und Zeitpläne spielen eine wichtige Rolle. Die erste Arbeit ist enttäuschend. Ideen und Ideale müssen den Anforderungen der Arbeit oder Schule unterworfen werden. Jetzt ist zum Träumen keine Zeit mehr. Die Aufmerksamkeit der Jungfrau konzentriert sich auf schulische Leistungen und versucht, mit dem heftigen Konkurrenzkampf des Geschäftslebens Schritt zu halten. Lernen und Wettbewerb werden lebenswichtig.

Wie auch der tatsächliche junge Erwachsene sieht die

Jungfrau-Seele viel, was zu Kritik Anlaß gibt, und bedauert den Verlust der kindlichen Unschuld, da sie keine bestimmten Vorstellungen von der Zukunft hat. Ist dort nur noch mehr Arbeit, mehr Studium, mehr Verantwortung? Wenn es so ist, ist das Leben wirklich ernst und muß mit realistischen Augen betrachtet werden, sobald wie möglich. Die Zeit vergeht. Menschliche Fehler und Unzulänglichkeiten nehmen für die Jungfrau übertriebene Wichtigkeit an. Das Herz ist immer noch rein und erfüllt von stiller Hoffnung, doch der Verstand ist unter Kontrolle.

Von der Furcht vor Abhängigkeit wird die Jungfrau in eine wilde Entschlossenheit getrieben, keine Zeit zu verlieren und keiner Pflicht auszuweichen. Das Bewußtsein ist immer wachsam, aufmerksam und sehnt sich danach, besser zu werden. Obwohl ebenfalls von Merkur beherrscht, hat die Jungfrau-Seele gelernt, ihre Lebenskräfte nicht so zu vergeuden wie der Zwilling.

Die positiven Eigenschaften der Jungfrau sind Klarheit der Gedanken, Urteilsvermögen, Höflichkeit, Hilfsbereitschaft, Ehrlichkeit gegen sich selbst und ein Sinn fürs Praktische. In der negativen Form kommen sie zum Ausdruck in Krittelei, Voreingenommenheit, Schüchternheit, Pessimismus, Unterlegenheit und Haarspalterei.

Für die Jungfrau bedeutet Liebe Selbstaufgabe, ein Geheimnis, das sie lieber nicht lösen möchte. Also steckt sie alle ihre Energie in die Arbeit, und obwohl diese Menschen zärtliche Verehrung anbieten, schlummert die wahre Bedeutung der Liebe immer noch im Herzen der Jungfrau.

Die dunklen Seiten

Besserwisserei zerstört oft alle Kreativität

Bei einem so von Zwängen besessenen Zeichen wie der Jungfrau muß man mit Recht einen sprunghaften Schatten erwarten. Die Schattenseite der Jungfrau ist ebenso komplex wie ihr Wesen am hellen Tag. Einen Hauptaspekt könnte man das «Ich-weiß-alles»-Syndrom nennen.

Oberflächlich gesehen scheint das sehr harmlos. Ein Alleswisser, mehr nicht. Aber die zerstörerische Seite des Schattens der Jungfrau kann auf die Dauer verheerende Wirkungen zeitigen. Wenn man Besserwisserei jahrelang an jemand ausprobiert, verliert er die Chance, selbst etwas zu lernen, zu erfahren oder zu denken, und er kann nichts geben. Das ist wohl eine der heimtückischsten und tödlichsten Methoden, die Kreativität eines anderen zu zerstören. Und genau das ist es, was die dunkelste Seite der Jungfrau tut. Sie vernichtet langsam und in winzigen, kaum merkbaren Schritten das Selbstvertrauen anderer Menschen. Es ist einer der Zwänge ihrer Schattenseite, daß die Jungfrau eine geradezu entsetzliche Angst hat, sich zu irren oder nicht recht zu haben. Es ist ihr unerträglich, etwas nicht richtig gewußt, etikettiert und klassifiziert zu haben. Aber das Leben ist nun mal voller Fehler, und die Menschen auch. Der Schatten der Jungfrau tötet das Leben auf seine Weise, weil er versucht, ihm alles Unvorhersehbare und Unregelmäßige zu nehmen.

Eine ähnliche Variante des Schattens ist das «Ich-habe-es-dir-gleich-gesagt»-Syndrom. Wir sind ihm alle schon begegnet, entweder bei uns selbst oder bei einem anderen. Es kann einen zum Wahnsinn treiben. Der blasierte, selbstgefällige Gesichtsausdruck, den die Jungfrau manchmal annimmt, wenn etwas eintrifft, vor dem sie gewarnt hat, schafft ihr nicht gerade Freunde. Aber auch das ist nur eine Methode, nie etwas geschehen zu lassen, das unerwartet, unordentlich und unvollkommen ist. Es ist die Art der Jungfrau, sich selbst zu sagen: «Mir wäre das nie passiert. Ich weiß es besser.»

Der Schatten entstammt also hauptsächlich einer übersteigerten Angst der Jungfrau vor dem Unbekannten. Wenn eine Jungfrau wirklich in sich ruht, ist sie vielleicht ein wenig vorsichtig, aber sie macht sich nicht lächerlich. Sie ist empfindsam, und das weiß sie; die Welt ist schwierig, voller Veränderungen und Probleme, und sie bemüht sich um die Geschicklichkeit und das Werkzeug, die ihr helfen sollen, damit zurechtzukommen. Aber eine Jungfrau, die unsicher ist, übertreibt ihre Vorsicht ins Maßlose. Hört sie etwas Neues, gibt sie vor, es längst zu wissen, oder sagt, daß es nicht wahr ist. Zeigt man sich ihr von einer Seite, die sie noch nicht kennt, wird sie kritisieren oder dem anderen sagen, wie er sich ändern kann; die Vorstellung, die sie sich von ihm gemacht hat, ist bedroht. Zeigt man ein wenig Spontaneität, wird sie versuchen, sie zu zerstören, weil ihr das entsetzliche Angst einjagt. Zeigt man unerwartete Gefühle, wird sie erstarren, weil sie nicht weiß, wie sie sie einordnen und klassifieren soll. All dies gehört zur Schattenseite der Jungfrau. Und wie bei allen Schatten geht es auch hier um Beherrschen. Bei der Jungfrau wird das zu einem verrückten, naiven, fast lächerlichen Versuch, das Leben zu beherrschen, damit alle unbekannten und bedrohenden Elemente ausgeschaltet werden.

Es gibt noch eine weitere Schattenseite, die man manchmal sehen kann, wenn die Feinfühligkeit einer Jungfrau zu schwer verletzt worden ist. Man könnte sie den «Geschäftemacher» nennen. Es ist eine Variante der Jungfrau, die auftritt, wenn die Wirklichkeit und ihre Schwierigkeiten auf der Waagschale zu schwer, Hoffnung, Glaube und Zuversicht hingegen zu leicht wiegen. Der Geschäftemacher nützt das natürliche Talent der Jungfrau für alles Geschäftliche aus und verdreht es, bis das ganze Leben zu einem Geschäft wird. Er ist bereit, alles zu verkaufen, solange der Preis stimmt. Jeder Mensch ist dann ein möglicher Kunde, ein mögliches Opfer. Wahrscheinlich ist dies die tragischste Form des Jungfrau-Schattens, denn er tritt nur auf, wenn die Jungfrau so desillusioniert und so verängstigt ist, daß sie gegen alles und jedes Schutzwälle errichten muß. Dann ist sogar die Liebe käuflich, und die «passende» Heirat muß mit der Mitgift gekoppelt sein, die sich auf dem Bankkonto ablesen läßt. Diesem Jungfrau-Schatten ist es durchaus zuzutrauen, daß er Bankauskünfte einholt, ehe er das entscheidende Rendezvous verabredet.

Leider taucht diese Seite des Jungfrau-Schattens oft bei männlichen Jungfrauen auf. Meiner Meinung nach liegt das daran, daß die Gesellschaft es dem Jungfrau-Mann ziemlich schwer macht. Sein gefühlvolles und aufnahmefähiges Zeichen ist von Natur aus ohne Ehrgeiz und sich oft verborgener Strömungen und intuitiver Veränderungen bewußt, die den dickhäutigeren Zeichen entgehen. Es ist ferner ein Zeichen, das lieber folgt als führt. All dies paßt wenig zum Macho-Image, das von den Männern unseres Kulturkreises erwartet wird. Der Jungfrau-Mann hat es nicht leicht in einer Welt, die von ihm verlangt, daß er gefühlskalt statt mitfühlend, erfolgreich statt geschickt ist, daß er ein Führer und kein Künstler und mehr Geldverdiener als Naturliebhaber sein soll. Wie kann er da er selbst sein? Darum taucht aus seiner Schattenseite der Geschäftemacher auf, der nicht sehr liebenswert ist.

Alle Schatten verschwinden, wenn das Licht auf sie fällt. Es ist sehr heilsam für die Jungfrau, sich im hellen Licht zu sehen, mit allen Fehlern und allen Ängsten. Wenn sie einmal, nur einmal versucht, sich und anderen und dem Leben zu vertrauen, statt zu fordern, daß alles benannt und garantiert wird, ist das ebenfalls heilsam. Und wenn sie einmal begreift, daß das Leben Geheimnisse birgt, die sie nie wird verstehen oder erklären können, daß es ein Chaos gibt, das vielleicht nie geordnet werden sollte, und daß Fehler, Versagen und Unordnung vorkommen, die nicht ausgeräumt zu werden brauchen, dann ist die Heilung da. In anderen Worten: Die realistische Jungfrau ist gar nicht so realistisch. Sie sieht nur die offen zutage liegende Wirklichkeit. Sie muß nach der anderen suchen und ihr vertrauen. Dann kann sie das werden, was ihrem mythischen Bild entspricht: Weil sie mit dem Unbekannten Frieden geschlossen hat, kann sie Menschen, Ideen oder ihre Kunst fördern, aufbauen und zum Leben erwecken.

Kleines Psychogramm

Jungfrauen sind viel besser, als sie glauben

Die Jungfrau-Geborenen sind still, bescheiden und in Gesellschaft schüchtern. Anscheinend fühlen sie sich im Hintergrund wohler. Diese Haltung entspringt einem tiefwurzelnden Mangel an Selbstvertrauen. Hinzu kommt ein schrecklicher Hang dazu, an sich selbst herumzukritisieren und viel zu streng mit sich selber zu sein. Lehrsatz für alle Jungfrau-Geborenen: Du bist viel besser, als du glaubst!

Die Vertreter dieses Sternzeichens haben viel Verstand und können sich sehr wohl ausdrücken, wenn ihnen danach zumute ist. Sie müssen sich allerdings darüber klar sein, daß man selbst an das glauben muß, was man sagt. Sonst wird es einem von anderen nicht abgenommen. Fehlt der eigene Glaube, kann man sich noch so logisch ausdrücken und unumstößliche Tatsachen vortragen – es klingt einfach unwahr.

Andererseits richten Jungfrau-Geborene gern ihre starken analytischen Kräfte auf die Gesprächspartner. Das kann jede Kommunikation abbrechen lassen. Jungfrau-Menschen sollten nicht allzu genau und pingelig sein, wenn sie anderer Leute Meinung zerpflücken. Bevor man Einzelheiten im Verlaufe eines Gespräches kritisiert, sollte man abwarten, bis man sich einen guten Überblick über dessen Gesamtinhalt verschaffen konnte.

Im Gespräch mit einem Jungfrau-Typ bleibt der Partner am besten kühl, analytisch und logisch. Nur keine Gefühle zeigen oder gar Leidenschaftlichkeit verraten. Man muß sich darauf einstellen, daß man Fragen bis in die letzten Einzelheiten beantworten muß, auch wenn dem Sprecher diese Einzelheiten völlig unwichtig erscheinen. Für den Jungfrau-Menschen sind sie wichtig. Praktische und konkrete Beispiele zur Unterstreichung des Gesagten sind angebracht, besonders solche über Tüchtigkeit im Leben, daheim oder am Arbeitsplatz.

Jungfrau-Menschen sind Verstandestypen und sehr praktisch veranlagt. Ohne den eigenen Gefühlen Beachtung zu schenken, nehmen sie logisch und klar vorgetragene Meinungen an. Beste Themen für Partyplaudereien mit Jungfrauen sind Gesundheit, Diät, Medizin, die Arbeit schlechthin und alle damit verbundenen praktischen Einzelheiten.

Eduard von Keyserling

Die Soldaten-Kersta

Es hatte angefangen, ein wenig zu tauen. Der Novemberschnee auf dem Kirchenwege war naß, und der schwere Schlitten bewegte sich springend und rüttelnd vorwärts. Vier Rekruten-Weiber saßen in ihm: Marri, Katte, Ilse und Kersta, die Tochter der Häuslerin Annliese. Sie kamen von der Trauung in der Kirche. Morgen sollten ihre Männer fort unter die Soldaten. Über die Brautkronen hatten sie große blaue Tücher gelegt; so saßen sie, wie vier spitze, blaue Zuckerhüte, in dem Schlitten und wackelten bei jedem Stoß. Der Rüben-Jehze kutschte sie. Sehr betrunken, peitschte er unbarmherzig auf die kleinen, zottigen Pferde ein. Die Männer kamen hinterdreingefahren, je zwei in einem Schlitten. Es war viel getrunken worden, und sie sangen mit lauten, heiseren Stimmen. Die Frauen schwiegen und wackelten geduldig in ihren blauen Tüchern hin und her. Kersta war die kleinste von ihnen. Mit einem runden rosa Gesicht, runden hellblauen Augen, einer runden Nase sah sie wie ein Kind aus. Nur der Mund mit den herabgezogenen Mundwinkeln war der ein wenig harte und sorgenvolle Mund der litauischen Bauersfrau. Unverwandt starrte sie in den grauen Nebel hinaus, der über dem flachen Land lag. Wunderlich schwarz nahmen sich die Wacholderbüsche und die Saatkrähen in all dem Grau aus, während die entlaubten Ellern wesenlos, wie kleine rötliche Wolken, auf der Heide standen.

Vor Kerstas Augen schwankte dieses ganze farblose Bild sachte, sachte, als säße sie auf einer Osterschaukel und würde langsam hin und her gewiegt. An jedem Krug hatten sie haltgemacht, und Kerstas langer, blonder Thome war an den Schlitten der Frauen herangetaumelt mit der Branntweinflasche: «No, is die junge Frau totgefroren, was?» Dabei reichte er ihr die Flasche. Kersta lächelte dann ein wenig mühsam, denn die Lippen waren steif von der Kälte, und trank. Der Branntwein machte die Glieder angenehm warm und schwer, dazu nahm er die Gedanken fort, und das ist auch gut. Immer wesenloser wurde die graue Nebelwelt vor Kerstas Augen; selbst Jehzes breiter Rücken schien immer weiter fortzurücken. Dafür kamen aber die Eindrücke des Tages ihr mit einer bildlichen Deutlichkeit in den Sinn, wie Träume; immer wieder, immer dieselben, wie Menschen, die auf dem Karussell auf dem Jahrmarkt in Schoden an einem vorbeifliegen: – Hochzeit – Hochzeit. – Am Morgen das Überwerfen des feinen, weißen Brauthemdes, fein und kalt, daß es Kersta bis in die Fußspitzen erschauern ließ; – die Brautkrone, die so fest auf die Stirn gedrückt worden war, daß es schmerzte. Jetzt mußte ein roter Streifen auf der Stirn sein. Dann die Kirche. Feierlich kalt war's da drin. Kerstas neue Schuhe klapperten hübsch auf den Steinfliesen des Fußbodens. Sie mußte achtgeben, nicht auszugleiten, wie auf dem Eise. Der Pastor hatte ein rundes rotes Gesicht, und er schmatzte im Sprechen mit den Lippen, als schmeckte ihm etwas gut. Aber schön hatte er gesprochen: von dem Fortgehen der Männer und vom Treubleiben und von Gottes Wort. Kersta hatte geweint, natürlich! Soldatenfrauen weinen fast immer bei der Trauung, das weiß man. Weinen tut auch gut, weinen, so daß das Gesicht naß und warm wird, und dazu ganz tief seufzen, so daß die Haken am Mieder krachen. Sie hatte stärker geweint als die anderen Frauen, das konnte sie wohl sagen, wenn später darüber gestritten wurde. Nachher im Kirchenkruge war getrunken worden, und die Männer hatten untereinander Streit angefangen. Alles war gewesen, wie es auf einer Hochzeit sein muß. «Hochzeit-Hochzeit», bimmelten die Schellen an Jehzens kleinen Pferden, und Kersta begann ihren Traum wieder mit dem feinen, kalten Brauthemde.

Im Dorfe hielten sie vor dem Kruge. Dort standen schon die Hochzeitsgäste in ihren Festkleidern und schrien. An die blinden Fensterscheiben der Dorfhütten drückten sich bleiche Frauen- und Kindergesichter. Alle wollten die Bräute sehn. Das gab Kersta wieder ein starkes Festgefühl. Eine junge Frau sein, die von der Trauung kommt, ist eine Ehre und der Hochzeitstag der schönste Tag des Lebens. Vor der Krugtüre wartete Kersta auf Thome, denn sie mußte mit ihm zusammen in das Haus gehn. Sehr ernst stand sie da und sprach mit den alten Frauen über den Weg; selbst der Gemeindeälteste redete sie an, und die Mädchen starrten neugierig auf ihre Brautkrone. Kersta, die Tochter der Häuslerin Annliese, war es nicht gewohnt, von allen achtungsvoll und freundlich angesehen zu werden, sie war klein, arm, hatte nur eine Ziege und zählte bisher nicht mit. Aber, wenn eine Hochzeit hält, dann ist sie schon was. Kerstas rundes Kindergesicht wurde rot und blank wie ein Apfel vor Stolz. Nun fuhren auch die Männer singend und schreiend vor. Thome kam mit unsicheren Schritten auf Kersta zu, faßte sie um den Leib und hob sie in die Höhe: «Klein is sie», sagte er, «aber schwer wie 'n Mehlsack.» Alle lachten. Kersta errötete vor Freude und war Thome sehr dankbar.

In der großen Krugstube setzte sich die Hochzeitsgesellschaft an die weißen Brettertische. Alle wurden still und ernst und machten sich über die Milchsuppe mit Nudeln her. Ein lautes, gleichmäßiges Schlürfen war eine Weile der einzige Ton im Gemache. Dann kam das Schweinefleisch, dann das Schaffleisch, dann wieder Schweinefleisch. Der Dampf der Speisen erfüllte die Luft wie mit einem dichten, heißen Nebel. Kersta aß eifrig, aß so viel, daß sie sich endlich erschöpft zurücklehnte und die untersten Haken ihres Mieders aufspringen ließ. «Das ist nun die Hochzeit. Ja, schön ist sie!» sagte sie sich. Leicht strich sie mit der Hand über Thomes Rockärmel. Der war nun ihr Mann, der gehörte ihr. Gut ist es, wenn man einen Mann hat. «Trink, junge Frau, trink!» sagte Thome.

Draußen begann es zu dämmern; es wurde Licht in die Stube gebracht. Talgkerzen, die in Bierflaschen steckten. Im dunstigen Zimmer bekamen die kleinen gelben Flammen buntschillernde Lichthöfe. Die Musik – eine Geige, eine Klarinette und eine Ziehharmonika – spielte eine Polka. «Ja – tanzen!» Kersta seufzte ganz tief vor Behagen. Sie trat einen Augenblick vor die Haustür hinaus. Der Abend war dunkel, ein feuchter Wind fegte über den Schnee hin, die Wolken, grau, wie ungebleichte Leinwand, hingen ganz niedrig am Himmel. «Morgen gibt es Schnee», dachte Kersta. An der stillen Dorfstraße entlang kauerten die Hütten; hie und da blinzelte ein schläfriges Licht hinter einer Fensterscheibe, ein Kind weinte, eine Frau sang ein Wiegenlied. Und dort unten, am Ende der Straße, das kleine, schwarze, stille Ungeheuer, das war die Hütte der Mutter Annliese. Morgen wird alles vorüber sein, als sei nichts gewesen. Kersta wird wieder dort unten mit der Mutter hausen und ... Sie fuhr sich mit dem Ärmel über die Augen. Warum ihr das Weinen kam? Dazu war morgen Zeit genug! Sie ging hinein und tanzte. Das war gut. Wenn man beständig und gewaltsam von einem rücksichtslosen Männerarm gedreht wird, wobei einem die große, heiße Männerhand auf dem Rücken brennt, das nimmt die unnützen Gedanken weg. Nur der Körper bleibt, mit dem warmen Rinnen des Blutes und dem Pochen des Herzens. Die Welt ringsum wurde für Kersta immer undeutlicher und traumhafter. Ernst und eifrig drehten sich die schweren Gestalten in dem dichten Tabaksqualm, die Männer schlugen im Takte mit den Absätzen auf, es klang wie fleißiges Dreschen auf der Tenne. «So muß es sein! Das ist das große Vergnügen des Lebens!» fühlte Kersta. Später bekamen die Männer Streit, es wurde gerauft. Kersta griff ein, wie die anderen Frauen, aber dieses Mal mit dem stolzen Gefühl, für ihren eigenen Mann zu schreien und den anderen Männern in die Haare zu fahren. Endlich führten die Burschen und Mädchen singend das Paar die Dorfstraße hinab, zu der Hütte der Annliese, wo das Brautbett aufgeschlagen war.

Während Kersta in der kleinen Stube das Licht ansteckte, warf Thome sich schwer auf das Bett. Er war sehr betrunken und schlief sofort ein. Kersta zog ihm die Stiefel aus, rückte das Kopfkissen zurecht, dann legte auch sie sich nieder. Die Glieder waren ihr zerschunden. Wenn sie die Augen schloß, war es ihr, als schwankte das Bett hin und her wie ein Kahn. Wirklich schlafen jedoch konnte sie nicht. Wenn der Traum anfing, wenn sie wieder in der Kirche stand oder im Kruge sich drehte, daß die Bänder der Brautkrone wie Peitschenschnüre schwirrten, dann ließ sie etwas auffahren, als schüttele sie jemand. Sie starrte in die Dunkelheit hinein und sann: Etwas Schlechtes wartete auf sie; was war das doch? Ja so! Morgen geht der Mann fort, und das alte Leben geht weiter – die Hochzeit ist vorüber und nichts – nichts Gutes mehr für lange Zeit? Draußen dämmerte der Morgen. Die Fensterscheiben wurden blau. Kersta richtete sich auf und betrachtete Thome. Er lag in schwerem Schlaf; das blonde Haar hing ihm wirr und feucht um die Stirn, das Gesicht war sehr rot, aus dem halbgeöffneten Munde kam ein tiefes, regelmäßiges Schnarchen. Langsam strich Kersta mit der Hand über seine Brust, seine Arme: «Schlaf, schlaf!» sagte sie wie zu einem Kind. Ihr Mann, der gehörte ihr, wie ihr Hemd, ihr Garn, ihre Ziege, mehr als die Ziege, denn die gehörte auch der Mutter. Das war gut! Nun hatte sie das, was alle Mädchen wollten, um was sie alle beteten – einen Mann; und groß war er und stark. Aber was hatte sie davon, wenn sie ihn gleich wieder fortgeben mußte? Kersta stieg aus dem Bett und nahm den Melkeimer. Sie wollte die Ziege melken.

Draußen wehte es stark, und es fiel ein feuchter Schnee. Die Ebene lag graublau in der Morgendämmerung da. Am Horizont, über dem schwarzen Strich des fernen Waldes, hing ein weißes, blindes Scheinen. Wie jeden Morgen blieb Kersta stehn, schützte mit der Hand die Augen, zog die Nase kraus und schaute ernst und mißmutig dem aufsteigenden Tage entgegen. Und die Dorfstraße entlang, vor den kleinen grauen Häusern, standen andere Frauen mit ihren Melkeimern, wie Kersta die Augen mit der Hand schützend, und blickten ernst und mißmutig in das graue Dämmern, als hätten sie von dem kommenden Tage etwas zu erwarten.

Kersta fror. Sie lief in den Stall, in den niedrigen Bretterverschlag, in dem die Ziege, das Schwein und die Hühner wohnten. Die Luft war hier warm und schwer. Die Hühner schlugen auf der Stange mit den Flügeln. Das Schwein grunzte gemütlich vor sich hin. Kersta kauerte bei der Ziege nieder und begann zu melken. Angenehm heiß rann die Milch über ihre Finger. Eine wohlige Schlaffheit überkam die kleine Frau. Sie stützte ihren Kopf auf den Rücken der Ziege und weinte, nicht das starke, offizielle Weinen wie bei der Trauung und wie sie heute in der Stadt weinen würde, wenn der Mann abfährt; nein, ein Weinen, wie sie es als Kind kannte. Die Tränen kamen leicht, badeten das Gesicht, als wüsche sie sich in lauwarmem Wasser; dabei wurde das Herz weich vor Mitleid mit sich selber. Im Weinen schlief sie ein, traumlos und süß. Die Ziege hielt ganz still, wandte den Kopf und sah die Schlummernde mit den gelben, friedlichen Augen mütterlich an.

Kersta erwachte davon, daß die Mutter neben ihr sagte: «Guter Gott! Is die beim Melken eingeschlafen! Was gehst du heute auch zum Melken!»

«Einer muß's doch tun», erwiderte Kersta schlaftrunken.

«Tun!» meinte Annliese. «Und dabei schlafen.» Die Stimme der Alten war brummig, wie gewöhnlich, dennoch hörte Kersta heute etwas wie schmunzelnde Achtung heraus. Na ja, mit einer Frau spricht man anders als mit einer Marjell: «Geh nur, mach Feuer, der Mann muß früh fort.»

Kersta sprang auf. Ja, richtig! Heute war noch kein gewöhnlicher Alltag; heute durfte sie noch die Sonntagskleider anziehen und zur Stadt fahren; heute würde sie noch von allen bemerkt und bemitleidet werden. Das tröstete ein wenig.

Die Rekruten sollten in einem großen Schlitten von dem Gemeindeältesten zur Stadt gebracht werden. Die Mütter, Väter und Frauen wollten nachfahren, um im Bahnhof Abschied zu nehmen.

Während des Frühstücks sprach Thome nur von dem Prozeß und gab seiner Frau Verhaltensmaßregeln. Das kleine Dundur-Gesinde, links vom Dorf zum Walde hin, war von dem Peter Ruze in Besitz genommen worden; es kam aber Kersta zu, denn sie war das einzige Geschwisterkind des verstorbenen Wirtes, während Peter nur der Mann der Stieftochter war. Thome hatte in Kersta die Anwartschaft auf das Dundur-Gesinde geheiratet, und es war Kerstas Aufgabe, in seiner Abwesenheit ihren Anspruch durchzusetzen: «Geh zum Advokaten Jakobsohn, der is klug, die Juden sind immer die Klügsten, und billig is er auch. Laß dich nicht betrügen.»

Kerstas Gesicht nahm einen sehr veränderten Ausdruck an. Sie fühlte ihre Verantwortlichkeit wohl: «Ich werd schon machen», sagte sie, «dumm bin ich nicht.»

«Wenn du dumm wärst, hätte ich dich nicht genommen», schloß Thome die Unterhaltung.

Johlend bestiegen die Rekruten ihren Schlitten. Weiber und Kinder des Dorfes umstanden sie und weinten. Die vier Soldatenfrauen fuhren wieder zusammen in einem Schlitten. Es schneite jetzt stärker. Die spitzen blauen Zuckerhüte, die sich wie gestern hin und her wakkelnd gegenübersaßen, wurden weiß.

In der Stadt hatten sie kaum Zeit, um traurig zu sein. Man sieht sich nach allen Seiten um. Das lange Warten vor dem Rathaus, bis die Männer herauskamen, das Essen in der Schankstube, der Branntwein und die Wasserkringel, endlich der Abschied auf dem Bahnhof und das laute Weinen. Thome klopfte Kersta auf den Rücken: «Nu, nu; man stirbt auch nicht dort. Schick Geld, die Kost ist knapp dort.» – «Ja – ja.» – «Denk an den Prozeß. Geh zum Advokaten.» – «Ja – ja.» – «Sei klug, sonst komm ich heim und bin betrogen.» – «Ja – ja.» Als der Zug fort war, standen die Frauen noch auf dem Bahnsteig und jammerten: «Ach Gottchen! Ach Gottchen!» Kersta war die erste, die damit aufhörte, sie mußte zum Advokaten.

Dort wartete sie in einer hübschen, warmen Stube. Der Advokat war ein kleiner, freundlicher Herr, der sie geduldig anhörte und ihr das Beste versprach. Er war sogar spaßig, er faßte Kersta unter das Kinn und sagte:

«So ’n hübsches Soldatenfrauchen, muß nun lange fasten – ei – ei.» Das war schon ein gutes Zeichen für den Prozeß.

Es wurde schon Abend, als die lange Reihe der Schlitten sich auf den Heimweg machte. Feuerfarbene Wolkenstreifen, riesig und spitz, liefen über den bleichen Himmel. Die Sonne, himbeerrot und wie von dem Meere plattgedrückt, verschwand langsam. Über das krause graue Meer rann ein purpurner Schimmer. Die Wellen rauschten leise und seidig. Die Soldatenfrauen waren von dem Gehen und Stehen und Trinken und Weinen erschöpft. Stumpf und geduldig saßen sie da und schauten mit gedankenleeren Augen in das Abendlicht. Im Wald, als es dunkel wurde und der Mond über die schwarzen Schöpfe der Fichten aufstieg, da wurde den Verlassenen das Herz schwer. Weinen konnten sie heute nicht mehr; so sangen sie denn, das erste beste Lied, riefen klagend die Töne in den Wald hinein:

Früher, Liebchen, gehe früher.
Gehe nicht am Abend spät!
Lose flattern deine Tüchlein,
Dornenbusch am Wege steht.

Was war denn bei der ganzen Heiraterei herausgekommen? Das Leben in Annlieses Hütte ging dahin wie früher. Kersta melkte die Ziege, ging in den Wald Reisig sammeln, webte. In den Dezembertagen, in denen es um drei Uhr nachmittags schon finster wird, kroch sie um sechs Uhr in ihr schmales Mädchenbett. Ein anderes hatte man nicht angeschafft, wozu denn! Um zwei Uhr nachts war sie mit dem Schlaf fertig und setzte sich wieder fröstelnd an den Webstuhl. Immer dasselbe; gedankenlos und freudlos, wie das Weberschiffchen, das gleichmäßig hin und her durch die grauen Wollfäden schießt. Daß sie verheiratet war, merkte Kersta nur daran, daß sie die Zöpfe nicht mehr, wie die Mädchen, über den Rücken hängen ließ, sondern sie aufband. An Festtagen ging sie nicht mehr zum Tanz in den Krug, und in der Sonnabendnacht schlich sich kein Junge mehr zu ihr. Die große Beschäftigung des Mädchenlebens fehlte ihr jetzt: das Denken an die Jungen, das Warten auf die Jungen, das Weinen um die Jungen. Mit wem sollte sie denn überhaupt noch reden? Die Mädchen sprachen von ihren Jungen, die Frauen sprachen von ihren Kindern, Männern, ihrem Haushalt. Kersta hatte nichts voll alldem. Sie wurde schweigsam und mürrisch. Schlimme Augenblicke kamen, wenn sie im Bett lag, sich von der einen Seite auf die andere warf und nicht schlafen konnte. Um sie her alles still. Durch die kleinen Fensterscheiben blinzelten grell die Wintersterne. Dann hörte sie jeden Ton in den benachbarten Hütten. Das Kind der Bille schrie. Jehze kam heim. Er war betrunken, er stolperte über die Schwelle. jetzt prügelte er die Bille; sie schrie und schimpfte. Kersta wurde sehr einsam zumute. Warum hatte sie nicht auch all das? Sie wollte ihren Mann, sie wollte Thome. Die Tränen liefen ihr über die Backen, und sie biß in ihr Bettuch.

Aber der Prozeß war da. Der füllte ihr Leben, gab ihr Würde und Wichtigkeit. Einmal wöchentlich wanderte sie den vierstundenlangen Weg bis in die Stadt, um ihren Advokaten zu sprechen. Jeden Baum, jeden Stein kannte sie auf dem weiten Wege. Bei jedem Wetter war sie ihn gegangen, war es nicht so kalt, daß die Finger froren, dann strickte sie im Gehen ihren Strumpf. Alle kannten die kleine Frau mit dem roten Kopftuch, dem Strickstrumpf und dem großen Prozeß. Im Walde riefen die Holzknechte sie an: «He, Soldaten-Kersta, wie geht's ohne Mann?» Kersta blieb stehen und wischte sich mit dem Ärmel über das heiße Gesicht. «Gut. Wie denn anders.» – «Der Thomas kann noch sechs Jahre fortbleiben – was?»

Die Holzknechte lachten laut in den Wald hinein: «Eine, der das Fasten schmeckt! No, und der Prozeß, wie steht's?»

«Gut. Wenn einer recht hat, ist ein Prozeß immer gut.»

«So – so.»

Häufig begegnete ihr der Forstgehilfe, ein hübscher Jungherr mit einem schwarzen Schnurrbart, braunen, ganz blanken Augen. Dazu eine Jacke mit grünem Kragen und eine silberne Uhrkette. Er hielt Kersta jedesmal an und sprach so spaßig.

«Kleines Soldatenweibchen, wie geht's?»

Kersta errötete ein wenig und bog den Kopf zurück, um den Forstgehilfen anzusehen: «Wie soll's gehn!»

«Und der Thome, kommt immer noch ohne Frau aus?»

«Oh! Der hat dort genug, Polinnen und Jüdinnen!»

«So! Und du hast hier auch genug Mannsleute, was?»

«Genug sind schon da!»

«Gott! Wäre ich so 'n hübsches Weibchen, wie 'n Apfel, ich würde nicht warten, bis so einer von den Soldaten zurückkommt.»

«Wer wartet denn?» Kersta lachte laut, wie man lachen muß, wenn ein Junge einen Witz macht.

«So! Nicht? Wir beide würden gut passen; du klein wie 'n Sperling, ich lang.»

«Gut, gut», rief Kersta weitergehend. «Zu Georg; wir wollen einen Kontrakt machen.» Oh, sie verstand es auch, mit Jungen zu spaßen. Einmal packte der Forstgehilfe sie, wollte sie küssen und umwerfen, sie aber riß sich los und lief davon. Noch den ganzen Weg über mußte sie darüber lachen. Zu Hause im Bett sah sie immer die Augen des Forstgehilfen vor sich, und als sie hörte, wie draußen die

Jungen leise an die Fenster der Mädchen klopften, da machte sie das unruhig und ließ sie nicht schlafen.

Mit dem Frühling wurden die Gänge in die Stadt für Kersta leichter. Sie konnte sich auf dem Rückweg Zeit nehmen, denn die Nächte waren ganz hell. Sie ging dann oft so langsam, Schritt vor Schritt, als könnte sie sich nicht entschließen, aus dem Walde herauszukommen. «Im Frühling bei Nacht, da ist es eigen; man wird faul, ganz faul», sagte sie sich: «Und nicht einmal an den Prozeß kann man dabei denken. Wunderlich!» Zwischen den hohen Föhren standen jungbelaubte Birken, als hätte jemand ein dünnes grünes Tuch dort hingehängt. Oder etwas Weißes leuchtet im Wald, ganz weiß, wie ein Mensch, der sich ein Bettlaken umgeworfen hat, das ist dann ein Faulbaum in voller Blüte; der duftet einem schon auf eine Werst entgegen. Auf der Waldwiese stehen Rehe, schwarz und still im Nebel, wie in einem Teich von Milch. Und überall, von den Hügeln und Weiden, klingt das Singen der Mädchen herüber, die Lieder, die Kersta so gut kannte. Ja, als Mädchen ist man toll in solchen Nächten, keines kann schlafen. Auch sie hatte Nächte draußen gesessen, die Hände um die Knie geschlungen, hatte gesungen, immerzu gesungen, recht laut die Töne in die Nacht hineingerufen und dabei gewartet: Wird nicht einer antworten? Wird nicht einer kommen? Wird ein blonder Schnurrbart nicht bald sich fest auf ihre Lippen drücken? Daran mußte Kersta immer wieder denken, während sie langsam, mit schlaffen Gliedern, die Landstraße entlangging und in den Wald hineinhorchte.

In einer Nacht hörte Kersta es im Wald brechen. Ein Rehbock wurde aufgescheucht und bellte laut; wieder raschelte es, und der Forstgehilfe stand vor ihr. «Kleines, kleines Soldatenfrauchen!» sagte er. Der Mond stand gerade am Himmel, daher schienen die Augen und die breiten, weißen Zähne des Forstgehilfen so blank: «No – wieder unterwegs?»

Kersta blieb stehen und sah zu ihm hinauf: Ja, sie war in der Stadt gewesen, wie denn anders.

«Heute ist gut spazieren.»

Ja, gut war's schon.

Der Forstgehilfe lachte, sah Kersta an und schwieg. Sie schwieg auch und wartete. Endlich legte er seinen Arm um ihre Schultern und sagte: «Du und ich, du und ich. Komm.»

«Was nu wieder», meinte Kersta. Sie versuchte es, in dem rauhen, spaßigen Ton zu sprechen, den man mit Jungen haben muß, allein, es kam unsicher und leise heraus; auch ließ sie sich willig von der Landstraße in den Wald führen. Als unter den Bäumen der Forstgehilfe ihr mit seiner großen, heißen Hand über die Wange und über die Brust strich, da wußte sie es, daß sie tun würde, was er wollte.

Der Morgen dämmerte, der Birkhahn war schon auf die Waldwiese herausgekommen und kollerte, als Kersta eilig ihrem Dorfe zuschritt. «Na ja!» dachte sie: «Wenn eine bei Nacht mit einem Jungen im Walde ist, dann geht's mal nicht anders. Was kann man da machen?»

Von nun an fand sich der Forstgehilfe oft auf Kerstas Rückweg von der Stadt ein. Mutter Annliese brummte: «Was du jetzt spät nach Hause kommst!» – «Der Prozeß», meinte Kersta. «Gott! So 'n Prozeß geht nicht so rasch wie 'n Ei kochen.»

Um die Zeit der Heuernte merkte Kersta, daß sie schwanger sei. Das war schlimm! Was nun? Sie ging in den Ziegenstall, wo keiner sie sah, und heulte eine Stunde, dann ging sie wieder still an die Arbeit. Als sie den Forstgehilfen traf, wurde sie böse und schimpfte. Aber was half das? In sich gekehrt ging sie umher, bleich mit fest aufeinandergekniffenen Lippen. Sie tat die schwere Sommerarbeit, war sehr unwirsch mit der Mutter, schlug die Ziege beim Melken und wanderte öfter denn je in die Stadt, den Prozeß zu betreiben. Ging es mit dem Prozeß schief, dann war sie verloren, dann schlug Thome sie und das Kind tot. Und überhaupt das Kind! Was weiß man! So 'n Kind wird geboren und stirbt, und Thome kam noch lange nicht. Dennoch mußte sie wieder an das Kind denken, an die Wiege, an die Leinwand für die Laken, und wie es sein wird, wenn so was Kleines, Weiches, Warmes sich an sie drückt und sich bewegt und seine Lippen an ihre Brust legt: «Ach, ach – Dummheiten. Gebe Gott, daß nichts wird mit dem Kind.»

Während der Kartoffelernte ließ sich Kerstas Zustand nicht mehr verbergen. Sie ging gerade, langsam und gebückt ihre Furche entlang und sammelte die Kartoffeln in ihren Rock, da hörte sie hinter sich die Bille sagen: «Na, die Kersta erwartet den Thome mit 'nem Geschenk. Der wird sich freuen.» Die anderen Frauen lachten laut, über den ganzen Kartoffelacker setzte sich das Lachen fort. «Kommen mußte das. Nun ist's da», dachte Kersta. Ihre Knie zitterten, die Kartoffeln, die sie gesammelt, rollten wieder auf die Erde. Sie richtete sich auf und sah die Frauen mit dem bösen, hilflosen Blick der Tiere an, die nicht mehr entrinnen können. Dann beugte sie sich wieder auf die Furche nieder und sammelte schweigend weiter. Das Spotten nahm jetzt kein Ende. Wenn Kersta über das Feld gehn mußte, um ihre Kartoffeln in den Wagen zu schütten, war es wie ein Spießrutenlaufen: «Das kommt wohl beim Prozeßmachen heraus. Oder hat's der Thome dir mit der Post geschickt?» Kersta schwieg. Sie werden sich schon ausreden und aushöhnen, und dann wird Ruhe sein. –

Schlimm war es auch mit der Mutter, die jammerte und

schimpfte den ganzen Tag. Was half das! «Kommen wird, was kommt», sagte sich Kersta: «Das Leben ist nu mal schwer.» Das machte sie ruhig und stumpf.

Im Winter, als Kersta in den Wald gegangen war, um Reisig zu holen, da überkamen sie die Geburtswehen. Die Frauen legten sie auf den Schlitten und zogen sie lachend und schreiend in das Dorf zurück. Kersta wurde von einem Mädchen entbunden. Das Kind war also da, und sterben wollte es auch nicht, es war ein kräftiges Ding mit braunen, blanken Augen im sorgenvollen Säuglingsgesicht. Die Leute im Dort hatten sich an die Tatsache gewöhnt, daß Kersta ein Kind hatte. Es fiel niemandem etwas Witziges mehr darüber ein. Kersta selbst aber hatte außer dem Prozeß jetzt noch etwas anderes, wofür sie leben konnte. Der Prozeß war die Hauptsache, gewiß! Aber so 'n Kind hat einen den ganzen Tag nötig, man wiegt es, man gibt ihm die Brust, an warmen Abenden sitzt man mit ihm auf der Türschwelle und singt: «Rai-rai-r-a-a, tai-tai-ta-a.»

«Liebe Kersta!» schrieb Thome. «Ich schreibe Dir, damit Du weißt; mir ist's schlechtgegangen. Krank bin ich gewesen. Jetzt schicken sie mich nach Hause. Ich komme nächste Woche. Bleib gesund; Dein Mann Thome.»

Kersta hatte den Brief vor dem Herdfeuer mühsam entziffert.

«Was schreibt er?» fragte die Mutter.

«Was soll er viel schreiben?» erwiderte Kersta. Sie setzte sich auf die Ofenbank, denn sie fühlte sich etwas schwach. «Is er gesund?» fragte die Mutter weiter. Kersta antwortete nicht, sondern starrte in das Herdfeuer. «Warum antwortest du nicht? Ich will doch wissen.»

«Zurück kommt er», warf Kersta mit ruhiger, verdrießlicher Stimme hin.

«So – so –, zurück kommt er.»

«Wenn er dem Kinde nur nichts tut», dachte Kersta. Die Mutter mußte ähnliche Gedanken gehabt haben, denn sie sagte: «Die Wiege wirst du so stellen müssen, daß er es nicht immer unter den Augen hat.» Ja, das konnte man machen. Eine Weile saßen sie noch stumm beieinander, dann seufzten sie und standen auf, um schlafen zu gehen. Im Bett fragte die Mutter noch: «Mit dem Prozeß ist's doch gut?»

«Wie denn soll's anders sein?»

«No denn!»

An einem Sonnabendnachmittag stand Kersta vor dem Kruge und wartete auf den Schlitten, der die entlassenen Soldaten aus der Stadt bringen sollte. Es fror. Am glashellen Himmel ging die Sonne rot unter. Alle Frauen des Dorfes waren vor dem Kruge versammelt. Sie wickelten die Hände in die Schürzen und sahen, die Nasen krausziehend, die Landstraße hinab. Da kamen die Männer! Sie schwenkten die Soldatenmützen und schrien.

«Was ist? Klein bist du geblieben und lebendig auch», sagte Thome, als er vor Kersta stand. Kersta wurde rot. Daß Thome so groß war, hatte sie fast vergessen. Sie wurde ordentlich verlegen: «Warum soll ich nicht lebendig sein?» antwortete sie scherzend, aber die Tränen spritzen ihr in die Augen, und sie streichelte Thomes Rockärmel. «Komm», sagte sie, «das Essen ist fertig.» – «Essen – ha – ha.» Thome lachte flott. «Die will mich füttern, ich bin ihr zu mager.» So gingen sie heim, Thome voran, Kersta hinterher.

Die Stube in der Häuslerei war geschmückt. Der Tisch weiß gedeckt. Zwei Talgkerzen brannten. Der Fußboden war mit Tannennadeln überstreut, Mutter Annliese stand am Herd und rührte im Kessel.

«Was, alte Mutter, Ihr lauft auch noch herum! Halten die alten Knochen noch beieinander?» rief Thome. «Es geht, so lange es geht», meinte Annliese, «gut, daß du da bist.»

Thome setzte sich an den Tisch und ließ sich das Schweinefleisch auftragen. Er aß langsam und aufmerksam, kaute jedes Stück lange, dabei sah er Kersta an und sagte mit vollem Munde: «Wirtin – Dundur-Wirtin.» Kersta saß ihm gegenüber, die Hände im Schoß gefaltet. «Eigen, wie hübsch so 'ne Mannsperson sein kann», dachte sie. Das Gesicht war zwar so braun geworden, daß der blonde Schnurrbart darin fast weiß erschien, aber die Schultern, die Arme, der Nacken! Gut ist's, wenn ein Mann stark ist. – Thome hatte jetzt den ersten Hunger gestillt. Er fuhr mit dem Handrücken über seinen Schnurrbart und lehnte sich im Stuhl zurück. «Also, der Prozeß; erzähl», sagte er. Kerstas Gesicht nahm einen sehr überlegenen Ausdruck an, als sie zu berichten begann: lauter kluge Sachen, die der Advokat gesagt hatte, die sie gesagt und getan hatte. Das Gesinde war so gut wie ihres. Thome hörte gespannt und achtungsvoll zu: «Was nicht alles an Verstand in so einer Kleinen stecken kann!» Das feuerte Kersta noch mehr an. In der finstern Ecke des Zimmers begann ein leises Wimmern. Kersta, eifrig fortsprechend, erhob sich mechanisch, ging zu der Wiege hinüber, nestelte ihre Jacke auf, nahm das Kind und gab ihm die Brust. Sie erhob ein wenig die Stimme, um aus der Ecke verstanden zu werden. Dann plötzlich, mitten im Satz, blieb sie stecken. Mutter Annliese verließ leise das Zimmer. «Ja, nun kommt es», dachte Kersta. Thome kam schon auf sie zu, langsam, den Kopf vorgestreckt, als wollte er etwas fangen. Schnell legte sie das Kind in die Wiege zurück und stellte sich davor. Sie wurde sehr blaß, schob die Unterlippe vor, und die runden Augen öffneten sich ganz weit und wurden glasklar wie bei geängstigten Tieren. Weil die Hände zitterten, faltete sie sie über dem Bauch. So wartete sie: «Jetzt kommt, was kommen muß.»

«Was ist das?» Thome sprach leise, als würgte ihn einer.

«Was soll das sein?»

«Wo – wo kommt das Kind her?»

«Ein Kind – nu ja. Wo soll's denn herkommen?»

Sie hatte das mißmutig und trotzig herausgebracht. Jetzt aber drückte sie die Knöchel beider Hände in die Augen und begann zu schreien, laut, mit weitgeöffnetem Mund, wie ein Kind, das über einer Untat ertappt worden ist. «So – so – eine bist du», fauchte der Thome. Er faßte ihr Handgelenk und zerrte sie in die Mitte des Zimmers: «Den Mann betrügen – was? Hündin – Hündin! Totschlagen werd ich dich und den Balg.»

Er begann Kersta zu schlagen, unbarmherzig. Sie jammerte – wehrte sich: «Eine Frau wie Eisen – ei – ei –», dachte sie. «Der Mann ist stark. Gott! Er schlägt mich tot.» – Wie das schmerzte – und doch – und doch – etwas war in alldem – das wie Befriedigung, wie Wollust aussah. Sie fühlte doch, daß sie einen Mann hatte. Thome war außer Atem. Er schleuderte seine Frau mit einem Fluch von sich, spie aus und setzte sich wieder an den Tisch. Kersta lag still am Boden. Die Glieder brannten ihr. Sie schielte zu Thome hinüber. War es nun vorüber? Fast hätte sie gewünscht, es wäre nicht vorüber, als daß er so dasaß und sich nicht um sie kümmerte. Thome, den Kopf in die Hand gestützt, brütete vor sich hin. Da erhob sich Kersta mühsam, setzte sich auf die Ofenbank, rieb sich ihre zerschlagenen Glieder und weinte still vor sich hin. «Der arme Mann!» dachte sie dabei.

Die Kerzen waren tief herabgebrannt und hatten lange schwarze Nasen. Kleine, harte Schneekörner klopften von draußen an die Fensterscheiben. Ein Heimchen begann eifrig im Herd zu schrillen. «Was wird er machen? Wird er mich heute abend noch schlagen?» dachte Kersta. Thome trank einen Schnaps, gähnte, begann sich die Stiefel auszuziehen. Kersta stand auf und zog ihm die Stiefel aus. Dann entkleidete er sich und warf sich auf das Bett; das Bett krachte, als wollte es zerbrechen. Kersta mußte lächeln. «Na ja – ein so schwerer Mann!» Sie löschte die Kerzen aus und setzte sich wieder auf die Ofenbank. Die glimmenden Kohlen im Herd warfen ein wenig rotes Licht und Wärme auf die nackten Füße der kleinen Frau, die bange und regungslos auf den Atem des Mannes horchte. «Du!» erscholl es plötzlich. Kersta schreckte auf. «Was sitzt du? Wirst du nicht schlafen?»

«Was soll ich sonst tun?» erwiderte Kersta mit brummiger Stimme. Als sie aber zum Bett hinüberging, wurde ihr warm um das Herz: Jetzt – jetzt war sie auch – wie andere Frauen!

In der ersten Zeit war das Leben in der Häuslerei schwierig. Die Wut über das ihm angetane Unrecht stieg in Thome immer wieder auf; dann gab es Geschrei und Schläge. Im Kruge erklärte Thome, er wolle die Frau und das Kind totschlagen. Das Kind mußte beständig vor ihm versteckt werden. «Er wird sich schon gewöhnen», sagte Kersta ruhig. «Na ja, ein Mann ist einmal nicht anders. Was kann man da machen.» Und wirklich! Thome begann immer weniger vom Kind zu sprechen, dafür war um so mehr von dem Prozeß die Rede. Sie berieten, wieviel Kühe, wieviel Schweine sie im Gesinde halten würden; darüber war genug zu sagen. Er vergaß das Kind, er sah es nicht mehr, spie nicht mehr aus, wenn er an der Wiege vorüberging. Kersta konnte dem Kind die Brust geben, ohne sich zu verstecken.

Thome beschloß, selbst in die Stadt zu fahren, um nach dem Rechten zu sehen. Für ein Weib war die Kersta klug genug, aber was so wirklich Verstand ist, hat doch nur ein Mann. «Das ist schon richtig», meinte Kersta. «Wer soll denn sonst Verstand haben?» So fuhr er ab. Spätabends kehrte er ein wenig angetrunken und sehr aufgeräumt heim. Der Prozeß war gewonnen. «Komm her, junge Dundur-Wirtin», rief er. «Hier ist was für dich.» Er legte Kersta ein rotseidenes Tuch auf den Kopf. «Eine Wirtin muß Staat machen.»

«Ein Tuch, wozu war das nötig», meinte Kersta und lachte.

«Na – so»; und halb abgewandt, wie verlegen, warf Thome eine Semmel auf den Tisch: «Und das da – hab ich gekauft – für den da ...»

«Für wen?»

«Nu – für den Balg.»

Kersta nahm die Semmel und drückte sie andächtig gegen ihr Mieder – so, jetzt kam vielleicht auch für sie ein bißchen gute Zeit.

Verhaltene Liebe

Erwartungsgemäß zeigt das Jungfrau-Zeichen keine besondere «Liebesbegabung» an. Es kommt nicht von ungefähr, daß der Planet Venus – das Symbol der Liebe, Kunst und Zuneigung – hier im «Fall», das heißt, «geschwächt», steht. Venus, mit deren Namen sich Hingabe und Selbstaufopferung verknüpfen, fühlt sich in einer Atmosphäre der Zurückgezogenheit und kühler Reserviertheit nicht am Platz.

Das «klassische» Jungfrau-Herz schlägt selten feurig für die Liebe. Dieser Typ lehnt die Liebe, bewußt oder unbewußt, ab: Er möchte sich die Stürme der Leidenschaft ersparen; in seinen Augen sind sie «gegen die Natur». Er mißtraut seiner Verliebtheit, er beobachtet sich kritisch, er analysiert und ironisiert seine Gefühle; Begeisterung und Feuer lösen Argwohn in ihm aus. Er dämpft seine Empfindungen durch Vernunft, Zweifel und Ironie. Mit einem Wort: Er will nicht den Kopf verlieren.

Kein Wunder, daß in diesem Zeichen viele Junggesellen zu finden sind. Mangels einer besseren Lösung ist das Zölibat eine recht praktische und friedliche Daseinsform, die nach dem Geschmack des Jungfrau-Typs ist.

Oder aber, er möchte, getreu seinem nicht überaus gefühlvollen Charakter, eine Vernunft- oder Interessensehe eingehen. Meist aber gerät er dennoch in die Fänge der

Venus. Ist sein Herz nach tausend Wenn und Aber doch endlich gefangen, so folgt er in den meisten Fällen dem vorgezeichneten Weg moralischer Rechtschaffenheit und lauterer Gefühle. Sein Sicherheitsbedürfnis läßt ihn Treue schwören, die er auch zurückbezahlt haben will. Er hält Wort. Zugleich versucht er seine Leidenschaft zu beherrschen; er dämpft seine aufsteigenden Gefühle durch so viel Vernunft als nur immer möglich: Er schafft eine ruhige Atmosphäre wohltemperierter Liebe, in der überströmende Zärtlichkeit schrittweise durch herzliche Anerkennung und Ideen- und Interessengemeinschaft ersetzt wird. Er ist also kein feuriger Liebhaber: Er ist nüchtern und sittsam; große Tiraden und leidenschaftliche Gesten sind ihm unangenehm.

Manchmal sitzt seine echte Liebe viel tiefer, als zu vermuten wäre, ja als er selbst weiß. Er verficht eine ernste, dauerhafte und gute Auffassung von der Liebe, die ihm Ruhe und häusliches Glück gewährleistet.

Drei *männliche Jungfrau-Typen* haben wir erkannt. Entsprechend ist ihr Verhalten in der Liebe.

Zunächst der Typ, dessen Hemmungen sein Liebeserlebnis beeinträchtigen. Ist er nicht kalt bis zu latenter oder manifester Impotenz, so ist er ein Puritaner oder in der Liebe unerfahren. Abwesend, linkisch und kühl verhält er sich gegenüber Frauen; er brennt vor Verlangen, aber er «beißt nicht an». Die Geschichte kennt Beispiele genug: Boileau war Junggeselle wider Willen, der französische Ludwig XVI., als Gatte eine armselige Figur, überließ die krebs-skorpiongeprägte Königin Marie-Antoinette ihren Träumen und leidenschaftlichen Wünschen.

Der «durchschnittliche» Jungfrau-Typ kennt diese Schwierigkeiten nicht in diesem Ausmaß. Auch wenn er etwas scheu und konventionell ist, so versteht er doch die Kunst, Ernstes mit Angenehmem zu verbinden, was meist zu einer seriösen Ehe führt. Er erweist sich als angenehmer, freundlicher Kamerad, der sich um seine Gefährtin rührend sorgt. Gewiß kein glühender Liebhaber, doch liebenswürdig, ein bißchen nüchtern, den es nach einer abgeschlossenen Welt verlangt.

Der dritte Typ steht in scharfem Gegensatz dazu. Er ist eher ein Genießer und Lebenskünstler, der mit Freude, aber vorsichtig, die Wonnen der Liebe kostet, ohne sich um Schicklichkeit zu sehr zu kümmern. Nicht alle sind über einen Leisten zu schlagen – alle aber sind bezeichnend: Goethe, der die gute Gesellschaft Weimars vor den Kopf stieß, als er im hohen Alter Christiane Vulpius heiratete; Ingres, der bürgerliche Künstler, der allen seinen Modellen den Hof machte, und Tolstoi, der zwischen Wollust und Askese hin- und hergerissen wurde.

Historische Beispiele des *weiblichen Jungfrau-Typs* fehlen. Die Frau in diesem Zeichen steht meist im Schatten ihres Mannes; sie ist nicht dazu geschaffen, in der Öffentlichkeit eine Rolle zu spielen. Man könnte immerhin Irène Joliot-Curie erwähnen, die großartige Gelehrte, die das Opfer ihrer Pflicht wurde, oder Greta Garbo, die «Göttliche».

Der klassische weibliche Jungfrau-Typ ist zurückhaltend und diszipliniert, genau wie der Mann. Reinheit, Keuschheit und Schüchternheit treten noch stärker hervor. Sie ist eine aufrichtige Ehegattin und ausgezeichnete Hausfrau. Sie kennt ihre Pflichten und ihre Verantwortung. Mit diesem weiblichen Jungfrau-Typ weiß der Mann fast immer, daß sein Heim gepflegt ist und die Mahlzeiten auf dem Tisch stehen. Seine Hemden sind geplättet, im Keller stehen Gläser mit eingemachten Gemüsen und Früchten. Die Rechnungen sind bezahlt, vielleicht bringt sie ihrem Ehemann sogar den Morgenkaffee ans Bett ...

Bei einem disharmonischen Typ können sich die positiven Eigenschaften in negative kehren: Dann ist sie kleinlich, engstirnig, moralisierend und nörgelnd. Sie duldet weder Orthographiefehler noch Flecken, noch die banalste Torheit; ihr übertriebenes Verhalten wirkt aufreizend.

Das Verhalten des ambivalenten Typs ist viel komplizierter. Zwei gegensätzliche Naturen wohnen in einer solchen Frau. Sie stellt ihre Umwelt vor große Überraschungen: Sie ist die zügellose und gleichzeitig keusche Frau, eine Teufelin mit Einsiedlerallüren. Sie hat etwas von einem Engel und einem Dämon an sich; in ihr streiten sich Ausschweifung und Reinheit.

Oft erlebt der Jungfrau-Typ anfänglich die größten Schwierigkeiten in der Liebe.

Zunächst im Augenblick der Begegnung, der Liebeserklärung, der Eroberung. Sehr oft wird dieser Typ ein Opfer seiner Schüchternheit: Ihm fehlt Spontaneität, Kühnheit; für seine keimenden Gefühle findet er nicht die richtigen Worte. So geht das Glück an ihm vorüber. Er verpaßt günstige Gelegenheiten; ein anderer kommt ihm zuvor. Liebe wird ihm zum Komplex, er quält sich, er ängstigt sich, er leidet ...

Dem klassischen Typ droht ein Junggesellenhaushalt, in dem jeder der Partner sein eigenes Dasein fristet. Dieser Spießbürger ist verliebt in seine Pantoffeln, seine Pfeife, sein Kartenspiel oder seine Sammlungen. Er kühlt sich in seiner egoistischen Sicherheit langsam ab, ohne zu bedenken, seine Ehefrau könnte auch eigene Wünsche haben. Plötzlich eines Tages zerstört sie sein ruhiges kleines Leben. Den Schicksalsschlag indessen nimmt er ziemlich gelassen hin.

Umgekehrt ist die Gefahr beim ambivalenten Typ: Nach ruhigem und geordnetem Leben durchbricht der «Johannistrieb» innerhalb weniger Monate die Dämme der ehelichen Treue und stellt das ganze Liebesleben in Frage.

Der harmonische Jungfrau-Typ hat alle Chancen, diesen Stürmen zu entgehen. Er lebt friedlich, kritisch und vernünftig sein «temperiertes» Leben.

William Somerset Maugham

Louise

Ich konnte nie verstehen, warum Louise sich mit mir abgab. Sie mochte mich nicht, und ich wußte genau, daß sie hinter meinem Rücken, in ihrer sanft freundlichen Art, selten eine Gelegenheit vorübergehen ließ, ohne etwas Abfälliges über mich zu sagen. Sie besaß zuviel Takt, um jemals eine direkte Behauptung aufzustellen, doch mit einer Andeutung, einem Seufzer, einer kleinen Geste ihrer schönen Hand war sie durchaus imstande, ihre Meinung zum Ausdruck zu bringen. Sie war eine Meisterin des kalten Lobes. Zwar kannten wir uns – man konnte beinahe sagen, intim – seit fünfundzwanzig Jahren, doch war es mir unmöglich, zu glauben, daß alte Freundschaftsbande eine Rolle für sie spielten. Sie hielt mich für einen rohen, brutalen, zynischen und vulgären Menschen. Ich zerbrach mir den Kopf, warum sie nicht den nächstliegenden Weg wählte und mich einfach fallenließ. Sie tat nichts dergleichen; im Gegenteil, sie war unaufhörlich hinter mir her; immer wieder lud sie mich zum Lunch und Dinner ein, und ein-, zweimal des Jahres wurde ich aufgefordert, ein Wochenende in ihrem Landhaus zuzubringen. Endlich vermeinte ich, ihr Motiv entdeckt zu haben. Sie hatte das unbehagliche Gefühl, daß ich nicht an sie glaubte; und war dies die Ursache ihrer Abneigung gegen mich, so war es andererseits auch der Grund, warum sie meine Gesellschaft suchte; es wurmte sie, daß ich allein sie als komische Figur betrachtete, und sie wollte nicht ruhen, bis ich meinen Irrtum eingesehen und mich geschlagen erklärt hätte. Vielleicht ahnte sie, daß ich das wahre Gesicht hinter der Maske sah, und da ich der einzige Ungläubige war, stand ihr Entschluß fest, früher oder später auch mich zu zwingen, die Maske für das Gesicht zu nehmen. Ich war mir nie ganz klar, ob alles wirklich bloß Schwindel war. Oft fragte ich mich, ob sie sich selbst genauso belog wie die übrige Welt, oder ob am Grunde ihres Herzens vielleicht ein Funke Humor schlummerte. Wenn dies der Fall war, dann konnte es sein, daß sie sich zu mir hingezogen fühlte, wie ein Gauner zum anderen, in dem Bewußtsein, daß wir ein Geheimnis teilten, das allen anderen verborgen blieb.

Ich hatte Louise schon vor ihrer Verheiratung gekannt. Sie war damals ein zerbrechliches, zartes Mädchen mit großen melancholischen Augen gewesen. Ihre Eltern beteten sie an, mit einer Art von zitternder Liebe, denn irgendeine Krankheit, Scharlach, wenn ich nicht irre, hatte ihr Herz geschwächt, und sie mußte sich sehr schonen. Als Tom Maitland um sie anhielt, waren die beiden Alten außer sich, denn sie waren überzeugt, daß ihr Kind viel zu zart sei für die Anstrengungen des Ehestandes. Aber sie lebten in beschränkten Verhältnissen, und Tom Maitland war reich. Er versprach, alles auf der Welt für Louise zu tun, und schließlich vertrauten sie ihm ihre Tochter an als einen heiligen Schatz. Tom Maitland war ein großer, kräftiger Mann, sehr gut aussehend und ein tüchtiger Athlet. Er vergötterte Louise. Im Hinblick auf ihr schwaches Herz konnte er nicht hoffen, sie lange bei sich zu behalten, und nahm sich vor, alles zu tun, um die wenigen Jahre, die ihr auf Erden vergönnt waren, glücklich zu gestalten. Er gab die körperlichen Übungen, in denen er so Hervorragendes geleistet hatte, auf, nicht etwa, weil Louise es wünschte

– sie freute sich, wenn er Golf spielte und auf die Jagd ging –, aber zufällig bekam sie regelmäßig einen Herzanfall, wenn er die Absicht äußerte, sich auf einen Tag zu entfernen. Wenn sie eine Meinungsverschiedenheit hatten, gab sie jedesmal sofort nach, denn sie war die verträglichste Frau, die ein Mann finden konnte; aber ihr Herz versagte dann gewöhnlich, und sanft und klaglos mußte sie sich für eine Woche zu Bett legen. Er konnte unmöglich so brutal sein, etwas zu tun, was sie kränkte. Dann setzte es stets noch eine kleine Plänkelei ab, wer von ihnen nachgeben sollte, und nur mit Mühe ließ sie sich schließlich dazu bewegen, ihren Willen durchzusetzen. Bei einem Ausflug, an dem ihr sehr viel gelegen war, sah ich sie einmal ohne Anstrengung acht Meilen zurücklegen. Ich äußerte damals zu Tom Maitland, daß sie kräftiger zu sein scheine, als man denke. Er schüttelte den Kopf und seufzte.

«Nein, nein, sie ist furchtbar anfällig. Sie war bei sämtlichen Herzspezialisten der Welt, und alle sagen, daß ihr Leben an einem Faden hängt. Aber sie hat eine unbesiegbare Willenskraft.»

Er erzählte ihr, was ich über ihre Leistungsfähigkeit gesagt hatte.

«Morgen werde ich dafür büßen müssen», sagte sie in ihrer larmoyanten Art. «Ich werde dem Tod nahe sein.»

«Wenn Ihnen etwas Spaß macht, lassen Ihre Kräfte Sie eigentlich nie im Stich», murmelte ich.

Ich hatte bemerkt, daß sie tanzen konnte bis fünf Uhr früh, wenn eine Gesellschaft amüsant war. Kam hingegen keine Stimmung auf, dann fühlte sie sich matt, und Tom mußte sie bald nach Hause bringen. Ich fürchtete, daß ihr meine Antwort nicht sonderlich gefiel, denn obgleich sie mir wehmütig zulächelte, entdeckte ich keine Spur von Belustigung in ihren großen blauen Augen.

«Sie können nicht von mir verlangen, daß ich tot umfalle, um Ihnen einen Gefallen zu tun», antwortete sie.

Louise überlebte ihren Mann. Er holte sich den Tod bei einer Segelpartie, weil Louise, um nicht zu frieren, alle Decken für sich beansprucht hatte. Er hinterließ ihr ein ansehnliches Vermögen und eine Tochter. Louise war untröstlich. Es war ein Wunder, daß es ihr gelang, den Schlag zu überleben. Ihre Freunde waren fest überzeugt, sie werde dem armen Tom Maitland ehestens ins Grab nachfolgen. Sie waren bereits voll Mitleid für Iris, ihre Tochter, die als Waise zurückbleiben würde. Sie verdoppelten ihre Aufmerksamkeit Louise gegenüber. Sie duldeten nicht, daß sie auch nur einen Finger rührte; sie bestanden darauf, alles in der Welt zu tun, um ihr jede Mühe abzunehmen. Es ging nicht anders. Als es sich ergab, daß sie irgend etwas Unangenehmes oder Unbequemes tun sollte, machte sich ihr Herz bemerkbar, und sie war wieder einmal dem Tode nah. Sie sei völlig verloren ohne einen Mann, sagte sie, und sie wußte nicht, wie sie es bei ihrer zarten Gesundheit fertigbringen sollte, ihre liebe Iris großzuziehen. Ihre Freunde fragten sie, warum sie sich nicht wieder verheiratete. Oh, bei ihrem Herzen war das völlig ausgeschlossen, obgleich sie wußte, daß der gute Tom es geradezu gewünscht hätte; und vielleicht wäre es auch das beste für das Kind, für Iris; aber wer sollte sich mit einer armen Kranken belasten? Merkwürdigerweise zeigten sich mehrere junge Männer durchaus bereit, die Aufgabe zu übernehmen, und ein Jahr nach Toms Tode gestattete sie George Hobhouse, sie zum Altar zu führen. Er war ein schöner, aufrechter Mensch und keineswegs arm. Niemand konnte dankbarer sein als er, daß ihm das Privilegium gewährt wurde, für dieses zerbrechliche kleine Wesen sorgen zu dürfen.

«Lange werde ich ja nicht mehr am Leben bleiben», sagte sie, «dann bist du mich los.»

Er war Soldat, ein ehrgeiziger Soldat sogar, aber er nahm seinen Abschied. Louises Gesundheit zwang sie, den Winter in Monte Carlo und den Sommer in Deauville zu verbringen. Er zögerte ein wenig, seine Karriere aufzugeben, und Louise wollte anfangs nichts davon hören; aber schließlich gab sie nach, wie sie stets nachgab, und er schickte sich an, die letzten, wenigen Jahre, die seine Frau noch zu leben hatte, so glücklich wie möglich zu gestalten.

«Es kann ja nicht mehr lange dauern», sagte sie. «Ich werde versuchen, dir recht wenig Mühe zu machen.»

Während der nächsten zwei, drei Jahre brachte Louise es ungeachtet ihres schwachen Herzens fertig, schön gekleidet an den meisten amüsanten Gesellschaften teilzunehmen, sehr hoch zu spielen, zu tanzen und sogar mit schlanken jungen Männern zu flirten. Aber George Hobhouse hatte nicht die Konstitution von Louisens erstem Gatten und mußte sich hin und wieder mit einem kräftigen Trunk für seine tägliche Arbeitsleistung als Louisens zweiter Mann stärken. Es ist möglich, daß ihm dies zur Gewohnheit hätte werden können, was Louise ganz und gar nicht gefallen hätte, aber glücklicherweise (für sie, meine ich) brach der Krieg aus. George trat wieder in sein Regiment ein und war drei Monate später tot. Es war ein großer Schock für Louise. Immerhin war sie sich bewußt, daß eine Frau in solchen Zeiten kein Recht darauf hatte, sich privatem Kummer hinzugeben; und kam es schon einmal vor, daß sie einen Herzanfall bekam, so erfuhr niemand davon. Um sich abzulenken, verwandelte sie ihre Villa in Monte Carlo in ein Spital für rekonvaleszente Offiziere. Ihre Freunde sagten ihr, daß sie die Anstrengung nie überleben würde.

«Natürlich gehe ich zugrunde», entgegnete sie. «Das weiß ich. Aber was liegt daran? Jeder muß das Seinige tun, heutzutage.»

Sie ging nicht zugrunde. Sie unterhielt sich großartig. Es gab kein populäreres Rekonvaleszentenheim in ganz Frankreich. Ich begegnete ihr zufällig in Paris. Sie dinierte im *Ritz* mit einem hochgewachsenen, sehr gut aussehenden jungen Franzosen. Sie erklärte, daß sie geschäftlich, in einer das Hospital betreffenden Angelegenheit, in Paris zu tun habe. Sie erzählte mir, wie reizend die Offiziere zu ihr wären. Sie wüßten, wie zart sie sei, und ließen sie nicht das geringste tun. Sie behüteten sie – ja – als wären sie alle ihre Männer. Sie seufzte.

«Der arme George! Wer hätte das gedacht, daß ich, mit meinem schwachen Herzen, ihn überleben würde?»

«Und der arme Tom», fügte ich hinzu.

Ich weiß nicht, warum ihr diese Bemerkung nicht gefiel. Sie lächelte mich wehmütig an.

«Sie reden immer so, als gönnten Sie mir die wenigen Jahre nicht, die ich noch zu leben habe.»

«Aber mit Ihrem Herzen geht es doch eigentlich viel besser, nicht?»

«Mit meinem Herzen wird es nie bessergehen. Ich war erst heute wieder bei einem Spezialisten, und er hat mir gesagt, ich müßte auf das ärgste gefaßt sein.»

«Das sagt man Ihnen doch schon seit zwanzig Jahren, nicht?»

Als der Krieg vorbei war, ließ sich Louise in London nieder. Sie war nun eine Frau von über vierzig Jahren, dünn und zerbrechlich immer noch, mit großen Augen und blassen Wangen, aber sie sah keinen Tag älter aus als fünfundzwanzig. Iris, die im Institut gewesen war, war nun erwachsen und kam zu ihr nach Hause.

«Sie wird auf mich aufpassen», sagte Louise. «Es wird natürlich nicht leicht für sie sein, immer mit einer Schwerkranken leben müssen, aber schließlich ist es ja nur kurze Zeit. So lange wird sie es schon aushalten.»

Iris war ein nettes Mädchen. Sie war aufgewachsen in dem Bewußtsein, eine sehr schonungsbedürftige Mutter zu haben. Als Kind hatte sie nie Lärm machen dürfen. Mutter mußten alle Aufregungen ferngehalten werden. Und obgleich Louise jetzt erklärte, daß ihr Kind sich für eine verdrießliche alte Person aufopfere, wollte Iris nichts davon hören. Von einem Opfer konnte keine Rede sein – sie sah es als Glück an, für ihre liebe, arme Mutter tun zu dürfen, was sie konnte. Mit einem Seufzer schickte sich ihre Mutter darein, daß sie eine ganze Menge tat.

«Es macht dem Kind Freude, sich nützlich zu machen», sagte sie.

«Glauben Sie nicht, daß sie ein wenig mehr ausgehen sollte?» fragte ich.

«Das predige ich ihr doch immer. Sie ist einfach nicht zu bewegen, sich zu amüsieren. Ich habe, weiß Gott, nie jemanden veranlaßt, um meinetwillen auf ein Vergnügen zu verzichten.»

Und Iris wieder, als ich ihr Vorstellungen machte, meinte:

«Ach, die arme Mama! Sie meint immer, ich solle ausgehen und mit Freunden beisammen sein und Einladungen annehmen – aber sobald ich mich wegrühre, bekommt sie einen Herzanfall, und da bleibe ich viel lieber zu Hause.»

Aber nach einer Weile verliebte sich Iris. Ein junger Freund von mir, ein sehr netter Mensch, machte ihr einen Heiratsantrag, und sie nahm ihn an. Ich hatte das Mädchen gern und freute mich, daß sie nun endlich Gelegenheit haben würde, ihr eigenes Leben zu führen. Sie schien nie auf den Gedanken gekommen zu sein, daß so etwas möglich wäre. Aber eines Tages kam der junge Mann sehr verstört zu mir und erzählte, daß die Hochzeit auf unbestimmte Zeit verschoben worden sei. Iris glaubte, ihre Mutter nicht verlassen zu dürfen. Es ging mich natürlich nichts an, aber ich nahm mir vor, Louise einen Besuch zu machen. Sie freute sich stets, ihre Freunde um die Teestunde bei sich zu versammeln, und nun, da sie älter war, kultivierte sie die Gesellschaft von Malern und Schriftstellern.

«Ich höre, daß Iris nun doch nicht heiratet», sagte ich nach einer Weile.

«Nicht so bald, wie ich es gewünscht hätte, meinen Sie wohl. Ich habe sie auf den Knie gebeten, keine Rücksicht auf mich zu nehmen, aber sie lehnt es einfach ab, mich allein zu lassen.»

«Finden Sie das nicht furchtbar traurig für sie?»

«Schrecklich, selbstverständlich, wenn es auch bloß ein paar Monate Aufschub bedeutet. Aber es ist mir unerträglich, daß jemand sich für mich aufopfert.»

«Meine liebe Louise, Sie haben zwei Männer begraben. Ich sehe nicht ein, warum Sie nicht mindestens noch zwei weitere unter die Erde bringen sollen.»

«Halten Sie das für einen Witz?» fragte sie in einem Ton, der möglichst beleidigend klingen sollte.

«Es muß Ihnen doch ausreichen, wenn Ihnen etwas Spaß macht und Ihr Herz bloß dann versagt, wenn man Ihnen etwas zumutet, was Sie langweilt.»

«Ach, ich weiß, ich weiß genau, was Sie von mir denken. Sie waren immer der Ansicht, daß mir nicht das geringste fehlt. Habe ich recht?»

Ich blickte ihr voll ins Gesicht.

«Vollkommen. Ich glaube, Sie haben fünfundzwanzig Jahre lang geblufft. Sie sind die egoistischste, monströseste Frau, die mir jemals begegnet ist. Sie haben das Leben der unglücklichen Männer, mit denen Sie verheiratet waren, ruiniert, und jetzt sind Sie im Begriff, auch das Ihrer Tochter zu ruinieren.»

Ich hätte mich nicht gewundert, wenn Louise in diesem

Augenblick einen Herzanfall bekommen hätte. Auch ein Wutausbruch hätte mich nicht überrascht. Aber nichts dergleichen trat ein. Sie lächelte mich bloß sanft freundlich an.

«Armer Freund, einmal wird es Ihnen ja noch furchtbar leid tun, mich so behandelt zu haben.»

«Kann nichts Sie von Ihrem Entschluß abbringen, die Heirat dieser beiden jungen Menschen zu verhindern?»

«Ich habe Iris angefleht, zu heiraten. Ich weiß, es wird mich töten, aber daran liegt mir nichts. Niemand hat mich gern. Jedem bin ich zur Last.»

«Haben Sie ihr gesagt, daß es Sie töten würde?»

«Sie hat mich dazu gezwungen.»

«Als ob ein Mensch es fertigbringen könnte, Sie zu etwas zu zwingen, was Sie nicht unbedingt tun wollen!»

«Sie kann den Jungen morgen heiraten, wenn sie will. Wenn es mich umbringt, bringt es mich um.»

«Dann wollten wir es also darauf ankommen lassen, ja?»

«Haben Sie denn gar kein Mitleid mit mir?»

«Wie kann man mit jemandem Mitleid haben, den man so komisch findet wie ich Sie?» antwortete ich.

Ein leiser Hauch von Farbe erschien auf Louisens blassen Wangen, und obgleich sie immer noch lächelte, waren ihre Augen hart und böse.

«Iris wird in einem Monat heiraten», sagte sie, «und wenn mir etwas zustoßen sollte, werden Sie hoffentlich die Kraft finden, sich zu verzeihen.»

Louise hielt Wort. Ein Datum wurde festgesetzt, eine Ausstattung von großer Pracht bestellt und Einladungen wurden ausgeschickt. Iris und der sehr gute Junge strahlten. Am Hochzeitstag um zehn Uhr morgens bekam Louise, diese teuflische Person, einen ihrer Herzanfälle – und starb. Sie starb sanft und verzieh Iris, daß sie sie getötet hatte.

Traumpartner der Liebe

Der Jungfrau-Mann ist treu wie Gold

Können Sie gut Kritik vertragen? Kommen Sie mit einem Mann zurecht, den jede Kleinigkeit aufregen kann, dessen Eßgewohnheiten heikel sind und der bei der geringsten Erkältung fürchtet, an der asiatischen Grippe zu sterben? Natürlich sind das Verallgemeinerungen, doch kann ich aus eigener Erfahrung behaupten, daß ein Jungfrau-Mann nicht gerade der einfachste Traumpartner ist.

Die Jungfrau ist das «Zeichen des Dienens», und das weiß sie auch genau. Beherrscht von Merkur, dem Planeten des Verstandes, ist sie das zweite Erdzeichen. Eine Jungfrau besitzt in hohem Grad die Fähigkeit zu analysieren und zu differenzieren. Sie ist deshalb eine äußerst ausgeprägte Kritikerin, spürt Fehler auf, übersieht aber immerhin auch das Positive nicht.

Wenn sie den Erwartungen eines Jungfrau-Mannes zu entsprechen vermögen, kann eine glückliche Beziehung entstehen. Er gehört nicht zu denen, die mit anderen Frauen herumtändeln. Er bleibt einer Frau treu und glaubt an die Unantastbarkeit von Ehe und Familie. Wird er dennoch aus irgendeinem Grund geschieden, fühlt er sich häufig schuldig, auch wenn es an sich keinen Grund dafür gibt.

Sollten Sie jemanden kennenlernen, der nicht schüchtern wirkt, aber vieles unausgesprochen läßt, dann denken Sie daran, daß eine Jungfrau zwar an anderen heftig herumnörgeln kann, aber auch mit sich selbst hart ins Gericht geht. Sie setzt – sich selbst, aber auch anderen gegenüber – ihren eigenen Wert oft herab. Wenn Sie sehr flott und smart auf andere wirken, braucht der Jungfrau-Mann, auch wenn er sich noch so stark von Ihnen angezogen fühlt, wahrscheinlich geraume Zeit, bis er den Mut faßt, Sie um ein Rendezvous zu bitten.

Er ist ein ziemlicher Kleinkrämer und regt sich fürchterlich auf, wenn irgendwas nicht ganz zu stimmen scheint. Peter Sellers ist das beste Beispiel dafür, wie jemand, der etwas von seinem Handwerk versteht, trotzdem unsicher wirken kann. Oder Greta Garbo, die die Öffentlichkeit floh wie die Pest. Welch starke Sinnlichkeit sich hinter der äußerlichen Kühle der Jungfrau verbirgt, enthüllen D. H. Lawrence in seinen Romanen und auf der Leinwand Sophia Loren.

Ein Jungfrau-Mann beeindruckt oft schon bei der ersten Begegnung durch sein charakteristisches Aussehen. Seine klaren Gesichtszüge sind sehr einprägsam, und wenn er auch nicht unbedingt ein ausgesprochen schöner Mann ist, fällt er doch irgendwie positiv auf.

Wenn Sie einen Jungfrau-Traumpartner einfangen wollen, dürfen Sie nie außer acht lassen, daß er sich nicht gern bedrängen läßt. Er nimmt dann gewöhnlich an, dahinter stecke noch ein anderes Motiv. Er ist bedächtig, weiß aber genau, was er will. Warten Sie deshalb, wenn immer Sie können, auf seine Initiative, da Sie ihn sonst eventuell vertreiben und aus einer vielversprechenden guten Beziehung nichts wird.

Sie haben also einen interessanten Mann kennengelernt, der kühl und distanziert wirkt, bei dem sich aber untergründig eine Menge abspielt, und wissen nun, daß er

Jungfrau sein könnte. Er kleidet sich gewöhnlich selbst in der Freizeit tadellos, doch folgt er nicht blind der Mode. Er möchte einfach von Kopf bis Fuß sauber und adrett aussehen.

Bald werden Sie auch merken, daß diese erdhafte Jungfrau in praktischen Angelegenheiten mit beiden Beinen fest auf dem Boden der Wirklichkeit steht. Wie die beiden anderen Erdzeichen Stier und Steinbock wirft die Jungfrau nicht mit Geld um sich – selbst wenn sie jemanden zu verführen sucht. Wenn Sie nun jemanden kennengelernt haben, der zwar einige, aber nicht alle der eben genannten Eigenschaften besitzt, sollten Sie bedenken, daß jedes individuelle Horoskop auch von anderen Einflüssen geprägt wird.

Sollten Sie immer noch beim Ratespiel sein – und fürchten, daß der Jungfrau-Mann beim Thema Sternzeichen höchstens die Nase rümpft, da er viel zu nüchtern und skeptisch ist, um an die Kunst der Astrologie zu glauben –, fragen Sie ihn über seine Arbeit aus. Ein Jungfrau-Mann ist häufig als Buchhalter, Treuhänder, Theaterkritiker oder im Verlagsgeschäft oder aber in Heil- und Pflegeberufen tätig.

Er wechselt seinen Arbeitsplatz nur ungern – und entspricht damit seiner Bestimmung im «Zeichen des Dienens». Er nimmt oft Stellen an, die andere Menschen im allgemeinen eher langweilig finden, denn ihm ist Routine nicht unangenehm, ganz im Gegenteil. Er gilt im allgemeinen nicht als allzu ehrgeizig, und manche Kollegen finden es nicht immer ganz einfach, mit ihm zusammenzuarbeiten.

Ein Mann, der sich über den Zigarettenrauch vor seiner Nase beschwert oder über den Luftzug vom offenen Fenster her, der ihm bestimmt einen steifen Nacken bescheren wird, ist mit größter Wahrscheinlichkeit eine Jungfrau. Gut möglich, daß er selbst raucht und Ihnen den Rauch in die Augen bläst, aber das ist dann schon in Ordnung. Vielleicht bin ich jetzt unfair, doch fallen mir zwei oder drei Jungfrau-Männer ein, die sich exakt so verhalten. Der Himmel möge Ihnen beistehen, sollten sie je während einer Autofahrt mit ihm das Beifahrerfenster öffnen und zuviel frische Luft hereinlassen.

Sie werden bald einsehen, daß Sie ein recht kompliziertes Wesen kennengelernt haben. Allerdings nörgelt ein Jungfrau-Mann durchaus nicht nur ausgiebig an anderen herum, sondern bemerkt auch die meisten seiner eigenen Fehler. Einige Jungfrau-Männer sind sogar allzu selbstkritisch.

Wenn Sie einen Jungfrau-Traumpartner kennengelernt haben, brauchen Sie sich übrigens nicht allzulange ängstlich zitternd zu fragen, ob Sie vor seinem kritischen Blick bestanden haben. Die Antwort wird Ihnen nicht lange verborgen bleiben, denn bei ihm gibt es keinerlei Zeitverschwendung. Und wenn Ihr neuer Traumpartner manch schönen Augenblick im Leben verpaßt, weil er sich zu viele Gedanken macht, *Sie* dürfen sich darüber freuen, ihm beizubringen, wie man sich entspannt.

Wo können Sie nun nach einem solchen Mann Ausschau halten, wenn er sich nicht gerade am benachbarten Schreibtisch in Ihrem Büro abrackert? Sport ist kein typisches Hobby für einen Jungfrau-Mann. Er würde höchstens vor dem Bildschirm kritisch anmerken, daß McEnroe sich mal wieder danebenbenimmt. Er ist eher der intellektuelle Typ, gehört vielleicht zu einem Debattierklub oder läßt sein analytisches Auge über die neueste Ausstellung der nächstgelegenen Kunstgalerie gleiten. Er verbringt auch kaum Zeit mit Freunden beim Bier. Jungfrauen trinken nicht viel, und zwar nicht zuletzt, weil sie um ihre Gesundheit fürchten.

Wenn Sie ihn im Urlaub kennenlernen, könnte er einer von denen sein, die sich am Hotelempfang gerade über etwas beschweren und im Restaurant höchst skeptisch die Speisekarte studieren: Diese schrecklichen ausländischen Gerichte sind nichts für ihn, nein danke! Grund dafür mag jedoch durchaus sein, daß er sehr behütet aufgewachsen ist oder seine Eltern seine Empfindlichkeit noch unterstützt haben. Denn eine Jungfrau tut Pingeligkeit beim Essen schon im zartesten Alter kund, und wechselt man nicht sofort die schmutzigen Windeln, brüllt sie los, daß man glauben könnte, sie würde mißhandelt.

Wenn es einer nötig hat, daß man ihm beibringt, wie man den Urlaub genießt, dann der Jungfrau-Mann. Wenn Ihnen also im Urlaub eine männliche Jungfrau ohne Anhang über den Weg läuft, dann nutzen Sie die Gelegenheit und helfen Sie ihm auf die Sprünge und dabei, eine neue Seite seines eigenen Wesens kennenzulernen. Allerdings wird er kaum auf eine reine Urlaubsromanze aus sein – vermutlich ist seine Meinung über Paare, die so etwas genießen, nicht gerade die beste. Und es wird auch im Urlaub geraume Zeit dauern, bis er Sie um ein Rendezvous bittet. Hoffentlich haben Sie Geduld – und noch genügend viele Urlaubstage vor sich.

Die Leidenschaft entwickelt sich bei einem Jungfrau-Mann zwar erst allmählich, doch ist er ein recht raffinierter Liebhaber, sobald er in Ihnen die richtige Frau für sich erkannt hat. Er kann ein wirklich großer Romantiker sein. Allerdings müssen Sie stets auf ein paar kritische Bemerkungen gefaßt sein, aber wenn Sie darauf vorbereitet sind, können Sie sich ja mit einigen sarkastischen Retourkutschen revanchieren.

Wenn Ihrem neuen Traumpartner früher einmal das Herz gebrochen wurde, wird er alles daransetzen, daß er so was in Zukunft nicht noch einmal erlebt. Das mag mit ein Grund dafür sein, daß er Sie so intensiv unter die Lupe nimmt – er möchte einfach auf keinen Fall noch einmal so tief verletzt werden. Zwar sagt man dem Skorpion nach, er vergesse niemals etwas, doch gilt im Grunde oft dasselbe auch von der Jungfrau. Eine seelisch verletzte Jungfrau kritisiert sich selbst oft noch erbarmungsloser, und das macht sie entsprechend unsicherer.

Dies mag also ein weiterer Grund sein, warum der Jungfrau-Mann so lange braucht, bis er den ersten Schritt tut. Gut möglich, daß Sie bereits denken, er mache sich gar nichts aus Ihnen. Und dann, endlich, gerade wenn Sie aufgeben wollen und die Eroberung eines Jungfrau-Traumpartners als hoffnungslosen Fall betrachten, bittet er Sie überraschend um ein Rendezvous.

Verstehen Sie mich bitte nicht falsch. Das Leben mit einem Jungfrau-Mann ist nicht etwa langweilig, nur dauert es manchmal recht lange, bis es wirklich aufregend wird. Wenn Sie sein Herz erobert haben und er weiß, daß Sie nicht nur auf einen kurzen Flirt aus sind, können Sie viel Schönes mit ihm erleben.

Er vergißt nichts – alles ist in seinem Kopf gespeichert. Sie werden sich nie zu beklagen haben, daß er Ihren Geburtstag vergißt. Natürlich erwartet er das gleiche auch von Ihnen. Sollten Sie also eher chaotisch veranlagt sein, ändern Sie das am besten sofort. Er erwartet, daß Sie an das denken, was *ihm* etwas bedeutet. Auch wenn Sie ihn nicht für besonders romantisch halten, müssen Sie ihm am Valentinstag Blumen schicken. Sonst gibt es Ärger.

Der Jungfrau-Mann ist sehr fürsorglich und wird Sie stets beschützen. Wenn er gerade seinen Hypochondrien nachhängt, mögen Sie sich manchmal fragen, wie Sie das nur aushalten sollen. Doch wenn *Sie* sich nicht wohl fühlen und ein paar Tage im Bett bleiben müssen, wird er Sie aufopfernd umsorgen und all Ihre Wünsche befriedigen, ohne sich zu beklagen. Er genießt es förmlich, für andere zu sorgen.

Zwingen Sie einen Jungfrau-Mann nie zu etwas, das er nicht will, sonst kommt eine ungemein störrische Ader zum Vorschein. Auch schätzt er es gar nicht, wenn Sie ihn kritisieren, zumindest solange Ihre Beziehung noch nicht ganz gefestigt ist.

Wenn Sie ihm etwas kulinarisch Außergewöhnliches bieten wollen, sollten Sie achtgeben, daß ihm die Küche des von Ihnen vorgeschlagenen Restaurants zusagt. Er gehört nun einmal zu den Männern, die nach jedem üppigen Mahl mit Bauchweh rechnen. Mit Geschenken – etwas zum Anziehen ist immer willkommen – ist es auch so eine Sache: Sie werden vermutlich unendlich lange brauchen, bis Sie das Richtige gefunden haben, denn er schätzt weder, daß Sie zuviel ausgeben, noch daß Sie ihm etwas Gewagtes geben. Er haßt alles Ausgefallene. Er arbeitet hart für sein Geld und will es deshalb nicht verschleudern. Vorzuschlagen wären etwa ein Schreibtischset, ein batteriebetriebenes Streßmeßgerät, ein Ionisator und ein Luftbefeuchter oder die neueste Software für seinen Computer.

Sie dürfen nie vergessen, daß der Jungfrau-Mann trotz seiner analytischen und kritischen Fähigkeiten genauso wie jedes andere Sternzeichen das Leben genießen kann. Er muß zu seinem Glück nur etwas mehr gezwungen werden.

Einen Jungfrau-Traumpartner davon zu überzeugen, daß Sie die richtige Partnerin für ihn sind, ist gewiß nicht einfach. Er kann einen zuweilen herunterputzen wie ein dummes Schulmädchen. Doch seine guten Eigenschaften überwiegen, und seine zärtlichen Liebesbeweise werden Sie nicht nur tausendfach entschädigen. Sie werden dabei sogar feststellen, daß das wirkliche Leben noch schöner sein kann als ein Traum.

Die Jungfrau ist nicht halb so hart und kühl, wie's scheint

Ist Ihre Traumpartnerin Jungfrau, befindet sie sich in guter Gesellschaft – Greta Garbo, Sophia Loren, Laureen Bacall und Twiggy sind in diesem Zeichen geboren. Sie werden aber bald merken, daß es alles andere als einfach ist, die Jungfrau-Frau davon zu überzeugen, daß Sie der richtige Partner für sie sind.

Eine Jungfrau-Frau stellt ganze neue Anforderungen an Sie. Ihre bewährten Tricks können Sie also getrost vergessen – die durchschaut sie nämlich sofort. Sie muß weder Astrologin noch Hellseherin sein, um zu erkennen, was Sie motiviert. Sie ist genauso analytisch, kritisch und urteilsfähig wie ihr männliches Gegenstück, ja vielleicht übertrifft sie es darin sogar noch, da ihr zusätzlich ihre weibliche Intuition zur Verfügung steht.

Vielleicht fühlen Sie sich schon deshalb von ihr angezogen, weil Sie «Jungfrau» mit Unschuld in Verbindung bringen. Vergessen Sie das! Eine Jungfrau-Frau kann impulsiv wie ein Widder sein, flirten wie ein Zwilling und so provozierend auftreten wie der Skorpion. Sie mag beim ersten Treffen etwas zu brav und ordentlich wirken, wird sich aber bei gegenseitiger Zuneigung als gewiefte, willige und fähige Partnerin erweisen.

Ist die Beziehung zu einer Jungfrau-Frau ernsthaft und einmal gefestigt, brauchen Sie nicht zu befürchten, daß sie auch andern schöne Augen macht. Jungfrau ist das zweite Erdzeichen, und eine Jungfrau-Frau bindet sich fest an den geliebten Menschen und ist ihm treu. Es ist deshalb besonders wichtig, sich auch ihr gegenüber absolut loyal zu verhalten. Eine Jungfrau, die einmal betrogen worden ist, traut so schnell niemandem mehr über den Weg. Selbst wenn sie sich noch so weit eingelassen hat, wird sie ein Verhältnis sofort beenden – auch wenn es ihr sehr zu

Herzen geht –, wenn sie glaubt, auf das falsche Pferd gesetzt zu haben.

Das Leben mit einer Jungfrau-Frau wird nicht ganz einfach sein, wenn Sie zu den Männern gehören, die nie ein Staubtuch anrühren und ihre Hosen beim Zubettgehen einfach fallen lassen. Die Jungfrau beiderlei Geschlechts ist perfektionistisch. Alles muß seine bestimmte Ordnung haben. Und selbst wenn Ihnen die Jungfrau-Frau total verfallen ist und Ihnen ewige Liebe schwört, erwartet sie trotzdem, daß Sie Ihren Anteil an Hausarbeit erledigen.

Wo können Sie eine Jungfrau-Frau kennenlernen? In einer Gruppe erkennen Sie sie daran, daß sie jeden von Kopf bis Fuß mustert, sobald sie sich unbeobachtet fühlt. Sie *hören* sie beinahe im Geist das Aussehen aller Anwesenden kritisieren – natürlich auf nette Art. Falls Sie sie später damit aufziehen, wird sie erröten und vermutlich alles abstreiten. Im Gespräch verrät sie sich durch entschiedene Ansichten zu jedem Thema, und sollten Sie ihr widersprechen, beweist sie Ihnen vermutlich mit Leichtigkeit, daß ihre analytischen Fähigkeiten größer sind als Ihre.

Achten Sie auch auf die Kleidung einer Jungfrau-Frau. Nie wird sie mit ungeputzten Schuhen oder einem schiefen Rocksaum auf die Straße gehen. Wahrscheinlich wird sie auch nicht gerade die ausgefallensten Modelle tragen, doch hat sie einen guten Geschmack in modischen Dingen und versteht es, verschiedene Kleidungsstücke geschickt miteinander zu kombinieren.

Sie wirkt wesentlich unabhängiger, als sie ist. Da die Jungfrau-Frau soviel mehr zu wissen scheint als die anderen, sind Sie vielleicht eingeschüchtert. Ihr durchdringender Blick mag Ihnen das unbehagliche Gefühl vermitteln, durch ein Mikroskop betrachtet zu werden. Auch können Sie sie sich kaum unbeschwert verliebt vorstellen, sosehr sieht sie aus, als würde sie niemals die Kontrolle über ihre Gefühle verlieren. Und Sie fürchten vielleicht sogar, mit verflossenen Liebhabern verglichen zu werden und dabei schlecht abzuschneiden. Beruhigen Sie sich. Sobald Sie sie erst einmal näher kennen, werden Sie merken, daß sie unter ihrer überkritischen Fassade nicht halb so hart und kühl ist.

Wo können Sie sich nach einer Jungfrau-Traumpartnerin umsehen? Da Sie ja schon wissen, daß die Jungfrau als das «Zeichen des Dienens» gilt, können Sie sich ausrechnen, daß sie sehr pflichtbewußt und überall da zu finden ist, wo Arbeit ansteht. Sie gehört zu den Frauen, die das Büro als erste betreten und als letzte verlassen. Auf einer Party können Sie sie deshalb vermutlich höchstens an einem Freitag- oder Samstagabend kennenlernen, weil sie am darauffolgenden Tag weniger Pflichten hat. Sie könnte in einer Arztpraxis oder in einer Klinik arbeiten, über der Kartei einer Bücherei sitzen, bei Bekannten auf die Kinder aufpassen, turnen oder Yoga treiben oder in einem Fitneßcenter anzutreffen sein.

Ihre Vorlieben und Abneigungen sind ausgeprägt und leicht festzustellen. Bei bestimmten Speisen ist sie unglaublich wählerisch. Männer, die zuviel trinken und viel von sich hermachen, mag sie nicht. Auch zeigt sie ihre Gefühle nicht gern demonstrativ in der Öffentlichkeit – wenn Sie mit ihr allein sind, läßt sie ihnen jedoch freien Lauf. Sie läßt sich gern mit Geschenken überraschen und mag ganz besonders nette Postkarten mit verschlüsselten Mitteilungen, aus denen sie schließen kann, daß Sie stets an sie denken.

Daß sie so kühl und distanziert wirkt, heißt nicht, daß sie nicht verführt werden möchte. Bei einer Jungfrau-Frau muß die Kunst der Verführung allerdings wirklich als Kunst betrieben werden. Die Jungfrau ist ein weibliches Zeichen, und diese Dame ist ganz Frau, wenn sie will.

Wenn Sie sie ausführen, sollten Sie mit ihr in ein gutes Theaterstück oder einen interessanten Film gehen. Sie ist kulturell sehr interessiert und hat vermutlich viel mehr gelesen als Sie. Sonnenbaden am Strand ist keine Urlaubsbeschäftigung für sie, denn ihr wird dabei bald langweilig. Auch ist sie kein Discotyp. Sie braucht anregende Unterhaltung und gutes Essen. Befindet sich dann noch der richtige Mann an ihrer Seite, vergißt sie sogar ihre kritische Ader.

Kaufen Sie ihr doch einen Pullover mit einem gewagten Ausschnitt statt mit einem braven, wie sie ihn gewöhnlich trägt, wenn Sie ihr etwas schenken wollen. Oder seien Sie großzügig und schenken Sie ihr eine Woche auf einer Gesundheitsfarm. Auch eine Saftpresse ist nicht schlecht, damit sie sich immer frischen Orangensaft zubereiten kann. Besorgen Sie Bettücher aus Satin fürs Schlafzimmer oder extravagante Wäsche und lassen Sie sie spüren, daß sie *die* wundervolle und liebenswerte Frau ist, auf die Sie ihr ganzes Leben gewartet haben …

Julia O'Faolain

Ihre Handelsmarke

Der Captain – ein kultivierter Mensch mit einer Gesichtsfarbe wie Himbeergrütze – hatte ein ungemein liebes Lächeln an sich und ließ dabei Zähne sehen, die mit einem Honighäutchen überzogen schienen. Eine blonde Patina – Nikotinflechte – haftete an seinen Fingerspitzen. Haare und Schnurrbart waren noch immer rötlichgelb. Ein Goldjunge! Er verlieh dem Ablauf der lokalen Ereignisse sowohl Schneid wie festlichen Glanz und organisierte mit größter Begeisterung Verkäufe von Gartenprodukten oder Wohltätigkeitsfeste. Zu Frauen war er sehr galant, nannte sie «das zarte Geschlecht», zog aber den Umgang mit seinem eigenen Geschlecht vor, ohne jedoch Anstoß zu erregen. Nachbarn, die ihm und seiner Mutter auf dem täglichen Spaziergang begegneten, stellten fest, daß sie – einst auf den Jagdbällen von halb Leinster eine gefeierte Schönheit – jetzt soldatischer wirkte als er. Ihre Stimme verriet Autorität, ihr Handschlag war kräftig, und selten sah man sie ohne ein Gerät, mit dem sie Disteln köpfte, Unkraut aus den Mauerritzen stocherte oder Wespennester ausgrub.

Er ließ sich vorzeitig pensionieren, um zu ihr auf den kleinen Landsitz zu ziehen, den er eifrig bestellte. In seinen blanken Gummistiefeln, die Heckenschere in der Hand, watete er, überall seine beiden Handlanger im Gefolge, durch grasbeschopfte Wiesen. Diese beiden Burschen liebten es genauso wie er, einen Taubenschlag zu bauen, Trittsteine in Bäche zu legen oder die Sonnenuhr auszubessern. Zwischen fünf und sechs ging er ins Haus, um mit seiner Mutter Tee zu trinken, indischen und chinesischen. Manchmal stellten sie die Nachrichten an und nippten gedankenverloren die Düfte des entschwundenen Imperiums. Ihre eigenen Angelegenheiten nahmen sie völlig in Anspruch, und es war ein Schock für sie, als sie auch diese bedroht sahen. Die Preise krochen in die Höhe, während die Pensionsgelder hinterdrein hinkten. Eines schönen Tages verließen sie die beiden Handlanger, um in Dublin in einer Fabrik zu arbeiten, und Berufsgärtner verlangten beängstigend hohe Löhne, doch andere Leute konnte man anscheinend nicht mehr bekommen.

Auf einem Brett am Pförtnerhäuschen wurden Eier, Obst, Tomatenpflanzen und Dung angeboten und vor der Haustür verkauft, solange er und seine Mutter mit der ihnen eigenen Geschicklichkeit eine Entscheidung hinauszögern konnten. Doch schließlich mußte er sich wie ein behaglich verwurzeltes Unkraut aus dem Nährboden reißen. Er setze eine Anzeige für die *Irish Times* auf: *Pens. brit. Offz. (Dünkirchen, Tripolis), Katholik, etwas Französisch, sucht passd. Stellg. Jedes Angebot wird erwogen.*

Was sich dann ergab, war genau die richtige Lösung. Ein frommer Katholik mit dem *savoir vivre* des verabschiedeten Offiziers und dessen Organisationstalent war der richtige Mann, um Pilgerfahrten nach Lourdes zu begleiten. Das Gehalt war niedrig, doch da die Beschäftigung nur für das Sommerhalbjahr galt, konnte er die andere Hälfte des Jahres daheim bei seiner Mutter verbringen. Außerdem würde es ihm, wie er schalkhaft zu seiner

Mutter bemerkte, Anstoß und Gelegenheit zu einer milden soldatischen Tyrannei bieten, die er seit seiner Pensionierung nicht mehr hatte ausüben können.

Zu den von ihm geleiteten Gruppen gehörten weder Wohlfahrts- noch Invalidenzüge (die wurden von Pflege-Orden betreut), sondern zahlende Pilger, die das Heiligtum aus Frömmigkeit besuchten oder etwas Bestimmtes erbitten wollten und meistens den besseren Ständen angehörten. Da sie weniger gebildet waren als der Captain, schätzten sie ihn und blickten zu ihm auf. Er seinerseits interessierte sich für sie und verstand es allmählich immer besser, die Nöte oder Sorgen zu erraten, die jeden einzelnen zu der Pilgerfahrt bewogen hatten. Manche unternahmen sie einem Verwandten zuliebe, der ein Freidenker oder Alkoholiker war. Unfruchtbare Frauen hofften auf Kindersegen. Am häufigsten waren die sittsamen, aber hoffnungsfreudigen weiblichen Bankangestellten, Beamtinnen und Lehrerinnen, die von der Heiligen Jungfrau den Ehemann erflehen wollten, der in der ländlichen Gegend, in der sie ihren Posten ausfüllten, so schwer zu finden war. Es waren ziemlich robuste, streitbare Amazonen um die Fünfunddreißig, und der Captain mußte ihre Charakterstärke bewundern. Durch ihr männerloses Dasein waren sie unweiblich geworden, spielten Poker, tranken Gin und sprachen bedauerlicherweise in einem unaufhörlichen, verkrampften Wortschwall, wie wenn jede von ihnen sich anstrengte, die erwartungsvolle Maid in ihrer Brust mit der Harpyie in Einklang zu bringen, die sie hatte heranzüchten müssen, um sich zu wehren. Entsetzt – denn er erinnerte sich an seine Mutter, die oft, wie sie ging und stand, für das *Country Life* oder den *Irish Tatler and Sketch* fotografiert worden war – sah er sich ihre Bemühungen um etwas mehr weiblichen Charme an. Chiffontücher aus der Galerie Lafayette flatterten auf den hageren Masten ihrer Schneiderkostüme; Lippenrot zersplitterte auf ungeübten Lippen, und die Strohhüte, die sie in der Lido-Abteilung kauften und beim Besuch der Kirchen auf den Kopf stülpten, erfüllten ihn mit einem derartigen Kummer, daß er um sie hätte weinen können. Er selbst hatte viel Sinn für Kleider und hatte oft in Gesellschaft beim Scharadenspiel mit einem Tischläufer und einem alten Tropenhelm wahre Wunder verrichtet, so daß seine Verkörperung bekannter Schauspielerinnen todsicher stürmischen Beifall auslöste. Doch aus lauter Scheu sah er davon ab, Ratschläge zu erteilen. Eine voll ausgewachsene Pygmalion-Operation hätte innerhalb ihrer Zehn-Tage-Tour schwerlich durchgeführt werden können. Er war stets voll raschen Mitgefühls gewesen, und ihn rührte das Aufleuchten zwiefacher Erwartung, mit der sie Frankreich begrüßten, das Land der Jungfrau und Aphrodites.

«Unsere Heilige Jungfrau möchte nicht, daß wir mit langen Gesichtern zu ihr kommen», pflegte er zu sagen, wenn er sie gegen die bissigen Bemerkungen älterer Frauen in Schutz nahm. «Man kann auch mit frohem Gesicht danken!»

Nach dem ersten Sommer als Reiseleiter war er ebenso vertraut mit dem frommen Jargon seiner Gruppen, wie er es ehemals mit der Soldatensprache gewesen war. Er war mittlerweile von der Notwendigkeit überzeugt, angesichts der Gottlosigkeit, die er in Frankreich sah, den Glauben zu verbreiten. «Auf dem Kontinent stehen die Dinge schlimm», erzählte er seiner Mutter und den Nachbarn, wenn er mit kleinen Flugblättern von seinen Pilgerreisen zurückkehrte, wie er es ehemals getan hatte, wenn er von der Front kam. «Die Kirchen sind leer!» Eines Tages, als sein Reise-Bus in Paris auf dem Boulevard Antoine durch eine Demonstration aufgehalten wurde, betrachtete er von seinem Fensterplatz aus die Menschenmenge. «Nichts als Rote!» hatte er seinen Pilgern erklärt. «Blamieren sich aber gehörig! Da hören Sie's: Sie singen zwei verschiedene Lieder zur gleichen Zeit! Und doch», schloß er und spähte eifrig umher, «sehe ich eine ganze Schar prächtiger junger Burschen unter ihnen! Arme Marianne!» Er war froh, als er wieder in Lourdes war, dessen reibungslos ablaufendes Programm ihn ebenso befriedigte wie der Umfang, in dem es sich hier abspielte. Eine Armee – nur mit größerer Schlagkraft. Trotzdem konnte er nicht übersehen, daß im älteren, «einheimischen» Teil der Stadt ungehörigerweise Sichel und Hammer auf verschiedene Wände gemalt waren. «Wir brauchen Gegenpropaganda», erklärte er seiner Herde. «Wenn wir mit ein paar erstklassigen Wundern auffahren könnten, würde es den Kommunisten den Wind aus den Segeln nehmen.»

Noch zwei weitere Sommer mit Führungen spulten sich im flinken, monotonen Rhythmus der großen Reise-Cars ab, was seinen Knöcheln nicht zuträglich war und seinen Atem nicht frischer machte, wenn auch seine Stimmung nicht nachließ. Seine Gesundheit litt unter dem Essen in billigen Pensionen, in denen er regelmäßig statt in den von der Reiseagentur vorgesehenen Hotels wohnen mußte. Das war allgemein üblich. Die Reiseführer wurden zu schlecht bezahlt, und ohne Nebeneinnahmen hätte es sich einfach nicht gelohnt. Er verabscheute solche Machenschaften. Zusammen mit dem Verschleiß an Sympathie, die er seinen jeweiligen Schützlingen angedeihen ließ, saugten sie ihn langsam aus, so daß «die stille Saison» zu einem Genesungsurlaub wurde.

Dann begann die Gesundheit der Mutter nachzulassen. Sie schwand so langsam dahin, daß ihr Tod – gegen Ende des dritten Sommers – nur die Bestätigung des vorausgeahnten Verlusts war. Das Haus, nun leer und mehr denn je zum Problem geworden (da er ja nur noch mit seiner eigenen Pension rechnen konnte), beschäftigte ihn ständig und lenkte ihn von seiner Trauer ab, so daß er, weil schuldbewußt, doppelt litt. Und doch konnte er den Gedanken, es zu verkaufen, nicht ertragen, obwohl die Kanalisation schlecht war und die elektrischen Leitungen dringend erneuert werden mußten. Einen Verwalter konnte er sich nicht leisten, doch Freunde von ihm entdeckten einen hübschen, schwachsinnigen jungen Mann, der als Gegenleistung für Kost und freie Wohnung nach dem Rechten sehen wollte. Plötzlich schauderte es ihn vor seinem eigenen Haus, und während der folgenden «stillen Saison» führte er Ski-Gesellschaften in die Schweiz und war achtzehn Monate lang kaum zu Hause. Hin und wieder kam ihm der Gedanke, er könnte mit Hilfe des jungen Mannes eine Hühnerfarm einrichten oder Sommergäste aufnehmen, sein Haus retten und die Führungen aufgeben. Aber jedesmal, wenn er daran dachte, sah er im Geiste die sanften, schönen, verrückten Augen des jungen Mannes vor sich und verwarf den Einfall.

Die letzte Gruppe der letzten Pilgerreise seiner «Achtzehn-Monate-Schicht» war nur klein, und der Captain lernte sie näher kennen als sonst. Drei Schwestern bildeten den Mittelpunkt der Gruppe: die Fräulein Lacey aus Sligo, mit denen er Bridge spielte und zu flirten vorgab. Er spürte, daß ihnen noch nie ein größeres Maß an männlicher Aufmerksamkeit zuteil geworden war, und noch ehe sie Lourdes erreichten, hatte er gemerkt (denn seine eigene Einsamkeit hatte seinen Spürsinn für solche Dinge geschärft), daß sie alle drei um einen Mann bitten wollten.

«Daddy ist im vorigen Jahr gestorben», erzählte ihm Miss Kitty Lacey.

Aus ihrem Trauerjahr waren sie so munter aufgetaucht wie Jagdhunde zu Beginn der Saison.

Sie wohnten mitten auf dem Lande und, wie er entdeckte, in ununterbrochenem Müßiggang: sich balgende Geschwister, die von ihren Kindheitsspielen auch im reiferen Alter nicht abgelassen hatten. (Wie sie ihm gestanden, kochten sie noch gerne Rahmbonbons, und an den Weihnachtsbaum hängten sie kleine Überraschungen.) Sie spielten auf ihrem Rasen Tennis und Krocket und Clock-Golf. Tanzten sie auch? Leidenschaftlich gern, sie hatten oft im Vorderzimmer einen «Hausball» veranstaltet, den Teppich zurückgerollt und Daddy und ein paar seiner jüngeren Freunde dazu eingeladen. Bis vor einem Jahr noch. Alle drei waren Mitglieder der lokalen Tennis- und Bergsteigerklubs, und *zu dritt* verbrachten sie ihre Ferien auf dem Kontinent. Sie spielten sogar Bridge, wie eben jetzt mit dem Captain, der am gleichen Tisch mit ihnen aß. Welcher Mann hätte soviel Mut, einen Keil zwischen die drei zu treiben? Daß es niemand getan hatte, ließ sich aus ihren resoluten Hockeyfeld-Stimmen erraten. Sie waren freundlich und schlugen ihre muskulösen Beine unbekümmert übereinander. Maisie war vierzig, Kitty fünfunddreißig und Jenny, das Baby, erst zweiunddreißig. Es stand in ihren Pässen. Der Captain, der nach zehn Tagen frei sein würde (nach dieser Tour standen ihm sechs Monate zur Verfügung, in denen er sich um sein Gütchen kümmern und über seine Zukunft entscheiden konnte), beobachtete sie voller Verständnis. Die Schwestern glichen sich nicht. Die älteste, die entweder klüger oder resignierter war, hatte sich offenbar vorgenommen, geistige Werte zu pflegen. Sie hatte unter Aufsicht eines irischen Priesters, der in Belgien studiert hatte, Französisch erlernt, und während der ganzen Reise konnte man sie nach dem Mittagessen in den Hotelhallen sehen, wie sie sich durch die Spalten des *Paris-Soir* buchstabierte. Der Captain, der an seine Tanten auf dem Lande denken mußte, die in einer an Verrücktheit grenzenden jungfräulichen

Einsamkeit gestorben waren, empfand großes Mitleid mit den Fräulein Lacey. Kittys und Jennys lautes Gelächter (leere Gefäße!) hatte einen verzweifelten Unterton, und er hatte beobachtet, wie sie sich mit aufreizender Naivität an französische Bahnbeamte heranschlängelten, die aber mit eisiger Höflichkeit reagierten.

«Sollte man nicht meinen, das Trio hätte Verstand genug, um getrennt zu marschieren?» rief Mrs. O'Keefe, eine ältliche Witwe, die schon dreimal in Lourdes gewesen war (sie konnte sich keine netteren Ferien vorstellen) und die an der mißlichen Lage der Fräulein Lacey Anteil nahm.

Der Captain murmelte ein paar Worte, daß die Fräulein Lacey nett wären.

«Ja, eben, deshalb ist's ja eine Schande!» gab sie ihm recht. Dann seufzte sie: «Aber dreie auf einmal, das ist ein großer Auftrag, sogar für die Heilige Jungfrau von Lourdes! Es müßte schon das reinste Wunder sein!»

Auf der Rückfahrt wurde die Gesellschaft wegen eines überraschenden Flughafen-Streiks in Paris festgehalten. Ein paar von den älteren Damen fürchteten sich vor der Überfahrt mit dem Schiff, und weil, wie es sich herausstellte, niemand in Zeit- oder Geldnöten war, stimmte die Gruppe einmütig ab, einige Tage im *Hotel de la Gare* zu verbringen.

«Captain!» zischte Mrs. O'Keefe begeistert den Treppenschacht hinauf, als er zum Essen herunterkam. «Vielleicht erleben wir doch noch unser Wunder!» Als erfahrene Pilgerin hatte sie sich schneller als alle andern umgekleidet und sich in seinen Weg zum Speisesaal gepflanzt, um sich sofort auf ihn stürzen zu können. «Sehen Sie nur!» Sie blickte zur Bar hinüber.

Der Captain sah die drei Fräulein Lacey auf hohen Barschemeln sitzen und über ihrem Gin-Fizz mit zwei Herren scherzen. Er zog die Brauen in die Höhe. «So etwas! Wie konnte denn das passieren?» Die Männer sahen nett aus, und die Schwestern schwatzten unaufhörlich. Miss Kittys Lachen prallte durch die ganze Bar, hoch und sich ewig wiederholend: «Ca, ca, ca, ca!» wie das Krächzen einer ängstlichen Krähe. Maisie saß außen, halb abgewandt von den andern, wie wenn sie ihre aussichtslose Lage noch betonen wollte.

Mrs. O'Keefe hatte bereits alles mit angehört. Sie senkte die Stimme. «Sie haben sich vor zwei Jahren beim Tennis-Turnier in Mount Merrion kennengelernt. Kitty und Jenny hatten beim gemischten Halbfinale gegen sie gespielt. Der eine ist Architekt. Der andre arbeitet in einer Bank. Sie wohnen hier im Hotel. Engländer!»

Die Gedanken des Captains rasten genauso schnell wie die der Mrs. O'Keefe. «Katholiken?» flüsterte er.

Mrs. O'Keefe wich verdrießlich zurück. «Aber Captain! Ich muß mich wundern über Sie! Nachdem unser jetziger Papst die Mischehen gerade befürwortet hat! Außerdem können sie ja konvertieren.» Sie tuschelte ihm ins Ohr: «Das Dumme ist nur», flüsterte sie, «daß es bloß zweie sind!» Dann wich sie wieder zurück und nickte ihm mit starrem Blick und verkniffenem Mund langsam und bedeutungsvoll zu.

«Ach ja», bestätigte der Captain.

«*Eine* wollen wir nach dem Essen zu einer Partie Bridge einladen», drängte sie. «Ich werde Miss Taylor auffordern, dann brauchen wir für ein Viererspiel nur noch eine: wir nehmen Maisie!» entschied sie. «Dann können die Herren mit den beiden andern auf die Dörfer ziehn!» Sie lachte mit jener unschuldigen Derbheit, an die er sich bei den frommen Frauen allmählich gewöhnt hatte.

Der Plan glückte. Maisies Schwestern verabschiedeten sich lärmend und beschämt von ihr. Sie waren noch nicht mit ihren Verehrern zurückgekehrt, als die Bridgespieler zu Bett gingen. Es war eine verkrampfte kleine Partie gewesen. Mrs. O'Keefe fühlte sich durch Maisies Anwesenheit daran gehindert, die Aussichten ihrer Schwestern zu erörtern, und war deshalb zu zappelig, um sich auf die Karten zu konzentrieren. Auch Maisie spielte schlecht, so daß die beiden, die Partner waren, zum Schluß ziemlich viel verloren hatten.

«Ich Arme!» jammerte Maisie, als sie bezahlte.

«Ach was! Pech beim Spiel ... Sie wissen ja!» tröstete Miss Taylor gedankenlos und erhielt dafür von Mrs. O'Keefe einen Rippenstoß.

Daraufhin wandte der Captain, der sich über Maisies Spiel geärgert hatte, ihr blitzschnell sein ganzes Mitgefühl zu. «Immerhin, es war ein reizender Abend!» und er leerte sein Glas. «Einer der nettesten von unsrer Reise! Aber alles Schöne hat ein Ende, wie es so treffend heißt. Denken Sie bitte daran, daß wir morgen für unsere Tour durch die ‹Stadt des Lichts› rechtzeitig aufstehen müssen!»

Die Damen stiegen schwerfällig treppauf, behindert durch den Alkohol und ihr heimliches Getuschel. Der Captain, der ihnen folgte – er hatte nur noch dem Portier etwas sagen müssen –, sah, wie sich Maisies eckige Figur zu Mrs. O'Keefe hinüberbeugte. «Oh, prima! Ein regelrechter Charmeur!» Mrs. O'Keefes Getuschel schwebte die Treppe hinunter – bis zu ihm. «Aber ist es nicht komisch, daß er nicht geheiratet hat?» Er ging in sein Zimmer und verriegelte die Tür. Er wichste seine Schuhe blank, steckte die hölzernen Spanner hinein und band auch die Schnürsenkel sorgfältig zu. Er duschte, rieb sich mit Eau de Cologne ab und hielt sich die goldene Regel vor Augen, die Ereignisse nicht persönlich werden zu lassen. Natürlich durfte man charmant sein – aber stets drei Schritte vom Leibe! Manchmal war es ein bißchen heikel. Er stieg ins Bett und las Kriegserinnerungen, in denen das menschliche Element aus einer sicheren, abstrahierenden Entfernung behandelt wurde.

Am nächsten Morgen besuchte die blau beflaggte Bus-Ladung Sacré Cœur, Sainte Chapelle, Saint Sulpice und Notre Dame. Die Pilger waren müde von den Kirchenbesichtigungen, plapperten ihre Gebete, sammelten die erhältlichen Ablässe ein und lehnten sich danach mit weltlichem Behagen in ihre Sitze zurück, als der Captain eine Fahrt über Land vorschlug. Er ließ den Bus die Richtung nach Rambouillet einschlagen, auf Landstraßen, neben denen die Misteln wie Haargespinste in den Pappelzweigen hingen und wo der kleinste Laut die Luft erschütterte. Auf der Rückfahrt beschlossen sie, sich im Bois de Boulogne die Beine zu vertreten, und staunten die flotten Reitergestalten auf den weitläufigen Reitpfaden an. Der See glänzte wie ein Diamant.

«Ach, ist es nicht himmlisch, daß wir hier sind?» rief Jenny Lacey und kniff die alte Miss Taylor in den Arm. «Man bekommt direkt Herzklopfen!»

Kitty Lacey breitete beide Arme aus: «Ich möchte Sie am liebsten umarmen, Captain!» drohte sie und tat's auch – mit verzücktem Ausdruck.

«Oho!» flüsterte Mrs. O'Keefe, «da sieht man ja gleich, was für ein lustiger Abend das gestern gewesen sein muß!» Und mit heimlicher Verschwörermiene bohrte sie dem Captain den Ellbogen in die Seite. Als sie wieder in den Bus stiegen, fiel ihm auf, daß Maisie vernünftige Laufschuhe mit flachen Absätzen trug.

In den beiden nächsten Tagen überließ der Captain seine Schützlinge bis zum Essen ihren eigenen Neigungen. Er stahl sich jeden Vormittag weg, entrann Mrs. O'Keefe, die unschlüssig in der Halle auf der Lauer saß, und kehrte nicht vor sieben Uhr zurück. Den einen Morgen verbrachte er damit, sich in einer Antiquitätenhandlung alte Pistolen anzusehen, an einem anderen Morgen las er in einer Bar, wo er ein Leberwurstsandwich und einen Schoppen Beaujolais zu sich nahm, die neueste *Times* und schlenderte dann in der trübseligen Umgebung des Santé-Gefängnisses durch schmutzige Straßen, bis er mit der Zeit zum Jardin de l'Observatoire gelangte, wo er sich an den See setzte und Sehnsucht nach Stephen's Green verspürte. Beim Abendessen verspottete ihn Mrs. O'Keefe wegen seines «geheimnisvollen Doppellebens».

Die beiden jüngeren Fräulein Lacey hatten sich inzwischen anders frisieren lassen («Paris ist ihnen zu Kopf gestiegen, hahaha», lachte Miss Taylor). Der modellierende Haarschnitt hatte das Gelock entfernt, das ihre Gesichter überschattet hatte, und enthüllte eine bisher vermummt gewesene Gier.

An diesen beiden Abenden spielte der Captain wieder mit Maisie und den zwei älteren Frauen Bridge, während Jenny und Kitty mit ihren Engländern tanzen gingen.

«Juhuuu!» kreischte Kitty und schwenkte ihren mit einem Dutzend Plastikarmbändern bunt geschmückten Arm.

«Behalten Sie unsere Schwester im Auge, Captain! Sie wird Sie ausplündern!»

«Stille Wasser sind tief. Sie ist eine Falschspielerin!»

«Und eine männermordende Menschenfresserin!» Sie schrien vor Lachen.

Ihre Schwester zuckte zusammen. Dann waren sie weg.

«Puh!» Der Captain suchte Maisies verlegenen Blick aufzufangen. Sie ging auf sein Lachen ein, und er freute sich, daß sie wieder guter Laune war. Hatte wahrscheinlich gefunden, daß es sich nicht lohnte, wegen der jungen Burschen eifersüchtig zu sein. Da war er ganz ihrer Meinung. Wer es mit diesen kreischenden Weibsbildern aufnahm, mußte wirklich ... Jedenfalls hatte Mrs. O'Keefe ein sicheres Urteil bewiesen, als sie Maisie von jenem Quartett abspaltete. Denen war sie bestimmt um mehrere Punkte überlegen ... Maisie und Mrs. O'Keefe machten ihre Verluste vom vorigen Abend wieder wett.

Der nächste Abend sollte für die Pilger der letzte in Paris sein. Der Streik war beigelegt worden, und für den folgenden Morgen waren Plätze im Flugzeug reserviert. Am Nachmittag wurde das Hotel von einer ländlichen Hochzeitsgesellschaft überflutet, die bald einige Lieder anstimmte, welche die Iren an ihre eigenen Volkslieder erinnerten und eine fröhliche Stimmung schufen, in die sie hineingezogen wurden. Sie waren im besten Schwung, als der Captain von seinem Spaziergang zurückkehrte. Jemand spielte Harmonika, und ein paar stark angeheiterte Franzosen – Männer vom Lande in steifen Anzügen – hatten sich bei Maisie und Mrs. O'Keefe untergehakt und stampften den Takt mit.

«Captain! Kommen Sie! Wo sind Sie den ganzen Tag gewesen?»

Der Barmann gab ihm ein Glas mit irgendeinem Drink, und Maisies Tanzpartner überließ seine Tänzerin dem Captain. Sie tanzte ausgezeichnet. Federleicht.

«Ich hab's schon immer gesagt», erklärte der Captain, «die besten Tänzerinnen stammen vom Lande! Wo sind denn die andern beiden geblieben?»

«Sie sind mit ihren Freunden seit dem frühen Morgen unterwegs», erwiderte sie. «Ihr letzter Tag soll, scheint's, der längste werden!»

«Auch für uns», tröstete er sie und wirbelte mit ihr davon, denn der Harmonikaspieler hatte einen Walzer angestimmt. Bei Walzertänzen mit seiner Mutter hatte der Captain wiederholt Preise gewonnen, und er erzählte es Maisie. «Als ich zwölf Jahre alt war, fiel mein Vater. Deshalb habe ich meine Mutter, sowie ich von der Schule abgegangen war, zum Tanz ausgeführt, auf Bälle, doch nach dem ersten Tanz blieb mir meistens keine Gelegenheit mehr, so beliebt war sie.»

«Und sie hat sich nie wieder verheiratet?»

«Nein.»

«Sie muß Ihnen sehr fehlen!»

«Ja.»

Infolge der Hochzeit klappte der übliche Hotel-Service nicht, und die Hotelgäste mußten sich mit einem Abendessen aus belegten Brötchen zufriedengeben, die größtenteils aus Resten bestanden. Sie aßen sie in den Pausen zwischen den Tänzen.

«Es ist toll», sagte Maisie. «Wie in einem irischen Landgasthof!»

«Macht aber Spaß», meinte der Captain.

Um zwei Uhr nachts betupfte er sich mit einem feuchten Taschentuch die Stirn. «Hab mich überanstrengt», entschuldigte er sich. «Wenn Sie gestatten, ziehe ich mich jetzt lieber zurück.» Er sprach zu Maisie, die auf einer Couch saß. Er wollte ihr seine gewohnte Abschiedsverbeugung machten, kippte aber vornüber in ihren Schoß.

Einer der tanzenden Franzosen, der schon zu betrunken war, um den Vorfall richtig zu deuten, lachte wiehernd.

«Captain! Oh, Captain!»

Maisie war durch den Zusammenprall hintenübergesunken, und er lag der Länge nach auf ihrer Brust. Ihr keuchender Mund atmete männliche Gerüche ein. Sie versuchte ihn wegzuschieben, doch er schien wie erstarrt. Es gelang ihren Fingern nur, ihm die Jacke am Rücken hochzuziehen. Erschrocken spürte sie unter dem Hemd sein schwitzendes Fleisch.

«O bitte!» flehte sie. «Kann nicht jemand ... Mrs.

O'Keefe!» Sie zerrte seine Rockschöße wieder herunter. Indem sie ihre Hände unter seine Achselhöhlen stemmte und ihn heftig an sich drückte, brachte sie ihn neben sich auf der Couch in eine halb sitzende, halb hingelehnte Lage. Endlich sammelten sich die Menschen um sie.

«Captain! Captain!»

«Monsieur le capitaine! Mais qu'est-ce qu'il a? Il est soûl?»

«Nein, nein, er scheint nicht krank zu sein!»

«In unserem Zimmer ist ein Apothekerkästchen. Bitte, *Monsieur, veuillez bien porter le capitaine* . . . Könnten Sie ihn bitte hinauftragen?»

Der Harmonikaspieler und dessen Freund schafften ihn die Treppe hinauf und den Korridor entlang. Er schlug die Augen auf und starrte sie an. «Bloß ein Anfall!» keuchte er. «Kein Grund zur Besorgnis! . . . Vergeht wieder . . . Malaria . . .» Mrs. O'Keefe und Maisie liefen wie Gluckhennen hinter ihnen her. «Jetzt aufgepaßt auf seinen Kopf!» – «Nein, nein!» hörten sie Maisie quietschen. «Nicht dort hinein! Ach, das ist mein Zimmer!» – *«Mais alors!»* beklagte sich der Harmonikaspieler. Der Captain war kein Federgewicht, schien er damit anzudeuten. Wenn sie ihn nicht in diesem Zimmer haben wollte, warum sagte sie's dann nicht eher? Er war doch kein Bahrenträger! (*«Elles en font des manières, ces gonzesses!»*) «Legen Sie ihn aufs Bett», unterbrach ihn Mrs. O'Keefes Stimme. «Nehmen Sie doch Vernunft an! Der Mann ist krank!» – «Ja, ja», ächzte der Captain. «Krank. Geht vorbei. Muß mich zudecken!» Er fror so, daß sein ganzer Körper zitterte. «Mehr Decken!» befahl er. «Halt meine Hand fest! Fester! Fester! Mehr Decken! Mehr! 's geht vorbei. 's geht vorbei.» Er klammerte sich an eine Hand, schloß die Augen, warf sich wie ein Fisch in die Luft. Sein ganzer Körper schnellte in Krämpfen vom Bett hoch. «Bloß ein paar Minuten. Nie länger», hörte er sich sagen. «Höchstens eine halbe Stunde. Halt mich fest, Mammi! Leg dich neben mich! Mußt mich wärmen!»

Als er aus den Alpträumen erwachte, die jeden Anfall begleiteten, spürte er sie neben sich, ihm komischerweise den Rücken kehrend, so daß sie gegeneinanderstießen. Der Arm, den er um sie geschlungen hatte, um sich an ihr festzuhalten, war wie ein Schraubstock verkrampft. Als sie merkte, daß er sich regte, bog sie seine Finger auseinander und richtete sich auf.

«Möchten Sie eine Tasse Tee, Captain?» fragte sie, strich sich den Rock herunter und zupfte ihre Bluse zurecht. «Ich habe einen Spirituskocher und Tee und Zukker.» (Als kluge Jungfrauen reisten sie stets, gegen jede Unbill gewappnet, mit in Plastik eingewickelten Requisiten.)

«Was? Was?» ächzte der Captain. Der Kopf hämmerte weniger, als ihm lieb gewesen wäre. Es stand ihm etwas bevor, das wußte er schon jetzt. Etwas ... was? Etwas Unkorrektes? Er konnte Parfum riechen! Einen Körpergeruch, der nicht sein eigener war. Hoffnungsvoll schloß er die Augen. Schlafende Hunde ... liegen lassen! Die Malariaträume fielen über ihn her.

«Tee!» rief Maisie verheißungsvoll. «Wachen Sie auf, Captain, er wird Ihnen guttun!»

Er richtete sich auf. «Wo sind ... Ihre Schwestern?» Sie hatten sich zu dritt in ein Zimmer geteilt.

«Bei Mrs. O'Keefe.» Sie stellte den Plastikbecher hin. «Geht's besser? Ich seh's Ihnen an!»

«Ja.»

«Gut!» Sie klopfte ihm sachgemäß die Kissen auf.

«Haben Sie mir was gegeben?»

«Chinin.»

«Verflixt – Sie sind eine gute Krankenschwester. Ich sollte Sie heiraten!»

Sie lachte. Munter. Genoß die Rolle.

«Damit Sie mich billig bekommen, was? Sie haben wohl einen Tropfen schottisches Blut in den Adern?»

Ein leiser Dufthauch traf ihn.

«Sie haben mich Mammi genannt», erzählte sie ihm.

Er wurde rot und beschloß, wieder ohnmächtig zu werden.

Eine Minute drauf hüpfte Mrs. O'Keefe in einem seidenen Kimono herein, um zu fragen: «Wie geht's dem Patienten?»

Maisie antwortete, daß es ihm großartig ginge. «Hat mir schon einen Antrag gemacht», lachte sie. «Ich finde, es ist ein gutes Zeichen, nicht?»

Mrs. O'Keefe japste nach Luft; es klang wie das Gurgeln des letzten abfließenden Badewassers. «Na-nein! Wenn *das* kein Wunder ist! Dafür habe ich gebetet!» plapperte sie weiter. «Wenn ich *das* den andern erzähle! Das ist die beste Neuigkeit! Ich bin bestimmt noch glücklicher als ihr beide! Herzlichste Glückwünsche!»

«Aber Mrs. O'Keefe! Es war doch bloß ein Witz!» hörte er Maisie piepsen.

«Ein Witz? Nachdem ihr die Nacht zusammen wart? Das ganze Hotel regt sich schon über euch auf!»

Der Captain zitterte.

«Wir . . . ich . . .» würgte Maisie heraus.

«Sie sind aufgeregt! Und scheu! Versteh' ich gut! Bräutliche Nerven! Ich werde die anderen fernhalten!» Und die Tür fiel ins Schloß.

Der Captain schlug beide Augen auf und sah, wie Maisie zur Tür stürzte, sie verriegelte, wieder öffnete und sich unglücklich in einen Sessel fallen ließ. «Diese gräßliche Frau!» zischte sie.

«Ein widerliches Weib», bestätigte der Captain schüchtern.

«Wir werden's schon richtigstellen», sagte sie zu ihm. «Ist ja lächerlich! Vielleicht kommt's uns später mal komisch vor. Die alte Hexe!» Sie fing an zu weinen. «Es ist bloß deshalb, weil ich's nun ewig ... ewig zu hören bekomme! Ewig! Oh!» Sie steckte ihr Gesicht in ein Kissen.

«Vielleicht sollte ich ihr nachlaufen», murmelte sie ins Kissen. «Jetzt gleich. Aber dann fallen sie alle über mich her. Ich kann ihnen jetzt noch nicht gegenübertreten. Am Morgen!» nahm sie sich vor. «Am Morgen wird's richtiggestellt!» Sie weinte wieder.

Der Captain starrte unglücklich vor sich hin. Barmherzigkeit mit den Nächsten beginnt damit, daß man sie in Ruhe läßt. Nichts überstürzen! Laß ihr Zeit, sich zu sammeln. Üble Klemme! Schwestern wie Harpyien! Hyänen! Stell dir vor, daß sie sich jahrelang gegenseitig das Mark aus den Knochen gesaugt haben, während du in Ägypten und Birma warst! Zusammengesperrt wie die Insassen einer Besserungsanstalt für Frauen! Er sah ihr Haus in Sligo vor sich. Grauer Connemara-Stein, ein löcheriger Tennisplatz, kein Mann da, der ihn glattgewalzt hätte, vom Meerwind gekrümmte Bäume. Seine Augen glitten vom Bidet, auf dem Strümpfe trockneten, in die Höhe und sahen an der Deckenlampe Fliegen und Staubschichten. Er war bedrückt. Niedergeschmettert. Normaler Zustand nach einem Anfall. Es laugt einen aus. Aber weshalb ein Anfall? Sein Alter? Pah! Davon konnte keine Rede sein! Der Schrank glich zwei hochkant hingestellten Särgen auf Klauenfüßen. Da war man leichter wegzuschaffen. Ach, er würde froh sein, wenn er erst mal hier raus könnte.

«Ich hab mich immer bemüht, v-v-v-vornehm zu handeln!» schluchzte sie ins Kissen hinein.

Das arme Kind! «Also, also», beruhigte er sie. «So was hätte einem Bischof zustoßen können! Aber weinen Sie nur weiter!» riet er. «Es wird Ihnen guttun!» Doch als sie es tat, fuhr er fort: «Was meinen Sie zu einem kleinen Spaziergang?»

«Jetzt?» Sie blickte auf ihr Armband. «Es ist vier Uhr morgens!»

«Warum nicht? Nach dem Tee können wir ohnehin nicht schlafen! Frische Luft! Putzt uns das Spinnweb aus dem Kopf! Wir sind doch in Paris! Wo soviel los ist! Woll'n eine kleine Forschungsreise unternehmen!»

«Und Ihr Kopf?»

«Für den ist's das allerbeste! Wenn Sie einverstanden sind, schleichen wir uns hier heimlich raus!»

Sie fanden einen Taxi-Stand. Der Captain erinnerte sich, daß ihm einmal jemand erzählt hatte, in *Les Halles* könnte man zu jeder Tages- und Nachtzeit eine Mahlzeit bekommen, und er bat den Fahrer, sie dort hinzubringen. «Gestern abend haben wir nicht gerade viel gespeist», erklärte er Maisie nervös. «Hinterher können wir ein bißchen herumstrolchen und sehen vielleicht die Sonne über Paris aufgehen.»

Das Restaurant war laut und grell beleuchtet. Kein Mensch kümmerte sich um Maisies rotgeweinte Augen. Bei Austern und Weißwein geriet sie in eine erregte Stimmung.

«Großer Gott», stöhnte sie. «In der Stadt hier kann man furchtbar allein sein – oder sich nach Belieben Gesellschaft suchen.» Sie beobachtete eine gut gekleidete Frau, die eine endlose Mahlzeit aß – allein – mit einem Buch. Die Flasche Wein vor ihr war zu Dreivierteln voll. «Die Leute starren einen nicht an und klatschen und quatschen nicht über die Sünden der andern ... Ach, aber was weiß man denn? Vielleicht tun sie's doch!» Sie senkte den Blick und aß weiter.

«Könnten Sie sich nicht irgendwo eine Stelle suchen?» fragte der Captain. «Gewissermaßen ausreißen?» Er war so erschrocken über seine taktlose Aufdringlichkeit, daß seine Stimme immer undeutlicher wurde. «Viele Frauen sind heute Sekretärinnen, nicht wahr?» murmelte er.

«Ich bin vierzig», sagte Maisie, «und habe nichts gelernt.»

Vor dieser nackten Tatsache erschrak er. Die ungewöhnliche Stunde, vielleicht auch der Wein nach dem Chinin, und vor allem ihr Freimut wirkten erregend auf ihn. Der Captain war selten bis unter die Patina gesellschaftlichen Formelkrams vorgedrungen. Was Maisie ihm von ihrem persönlichen Leben verraten hatte, bekümmerte ihn.

«Meine liebe Maisie», sagte er, legte Messer und Gabel hin, wischte sich die Lippen und beugte sich zu ihr vor. «Sie könnten zu mir kommen und bei mir leben! Warum nicht? Wir fänden bestimmt einen *modus vivendi!* Das heißt, falls Sie nicht gar zu sehr dagegen sind! Ich würde Ihr Eigenleben respektieren, darauf können Sie sich verlassen!»

Sie blickt auf. «Meinen Sie, daß . . .?«

«Ja doch, ja!» Er lächelte triumphierend ob seines Muts.

«. . . daß wir heiraten sollten?»

«Warum nicht? Warum nicht? Klar . . . Das heißt . . .» Er stellte sein Glas hin. «Gewissermaßen.»

«Wegen Mrs. O'Keefe? Wegen des ganzen Theaters?»

«Warum nicht?» fuhr er behaglich fort. «Wir könnten heiraten, um uns gegenseitig zu schützen. Gegen die andern.»

«Oh, Sie sind gütig! Sie wollen mir die Beschämung ersparen! Wir könnten die andern glauben lassen, was sie bereits glauben . . . ein Weilchen wenigstens.»

«Nein, nein! Ich möchte, daß Sie den Gedanken ernst nehmen! Falls er Ihnen nicht lächerlich erscheint. Ich finde, wir passen gut zusammen.» Nachdem er diese

Hürde hinter sich gebracht hatte, lächelte er mit seinem alten Charme.

«Oh, nein», rief sie. «Ich meine, ganz und gar nicht. – Aber ich weiß doch nicht recht, was ich sagen soll.» Ihr Gesicht war plötzlich so rot wie die geschminkten Wangen der Frauen an den anderen Tischen.

Er blickte auf seine Uhr. «Wir haben drei Stunden Zeit», sagte er schüchtern, «bis wir den andern gegenübertreten.»

«Drei Stunden ...»

«Und auch dann brauchen wir ihnen nicht die Wahrheit zu sagen ...»

Sie lachten beide, erstaunt über sich selbst, und er füllte ihre Gläser nach. Den letzten Gang aßen sie schweigend. Ein alter Mann mit dick geschminktem Gesicht saß in einer Ecke, weinend über einen Teller mit Sauerkraut gebeugt. Ihre Blicke flogen erschrocken von ihm fort, zurück zueinander, auf ihre Teller hinunter. Marktleute kamen herein und brachten einen Schwall kalter Luft mit, die nach Pilzen und nassen Overalls, nach Stroh und verrußten Ziegelsteinen und Nacht roch. Beim Käse fragte Maisie: «Warum wollen Sie sich in eine Heirat mit mir hetzen lassen?» Jetzt klang Koketterie aus ihrer Stimme. Ihre Augen glänzten. Der Captain merkte, daß er ihr inneres Gleichgewicht wiederhergestellt hatte.

Doch seine eigene Ruhe geriet sofort ins Wanken. In seinem Kopf wurde ein ganzes Vogelhaus von Zweifeln hochgescheucht, um wie Tontauben von ihm abgeknallt zu werden. Pimm! Pamm! Pumm! Wie lauter Phönixe schwebten sie wieder in die Höhe. Eine Frau heiraten? Er? Aber sie war taktvoll. Falls eine Frau das überhaupt sein konnte. Falls, falls ... Das sanfte Wörtchen beruhigte sein geistiges Ohr. Sie machte sich jetzt zurecht, puderte sich, verdeckte die triumphierende Röte, schminkte sich die

Lippen. Sie lächelte einer Blumenverkäuferin zu, die an ihrem Tisch vorbeikam. Er kaufte ihr eine Gardenie, und sie steckte sie an. Um daran zu riechen, senkte sie den Kopf und erklärte ihm:

«Meine zweite Gardenie! Die erste bekam ich vor, ach, so langer Zeit – von einem jungen ...»

«Nicht, Maisie!» unterbrach er sie. «Erzählen Sie mir das ein andermal!»

Er wunderte sich über seine Erregtheit. Er *mußte* sich befreien!

«Meine liebe Maisie!» begann er. Jetzt mußte er Karten aufdecken, die er sein Leben lang verdeckt gehalten hatte. «Wollen wir einen Drink nehmen?» Als sie lächelte, erriet er, daß sie an die widerspenstigen irischen Bauernburschen dachte, die sich Mut antrinken, wenn sie ihr Liebchen umarmen sollen. Ihre Brust hob sich; die Hügel zu beiden Seiten der Spalte stießen an die Ränder des Halsausschnitts. All das hatte sein Antrag hervorgerufen? Sie in eine Juno verwandelt? Er spürte, wie klein er wurde. Und doch ... Sie würde eine prächtige Geschäftsfrau abgeben. Gemeinsam könnten sie eine Hühnerfarm bewirtschaften ... nach dem neuen System ... und er würde die Pilgerreisen aufstecken ... Er kippte sich seinen Drink in die Kehle und begann: «Maisie, wissen Sie überhaupt, wie ich heiße? Daß Sie mich mit Captain anreden, nimmt mir allen Mut, und ich muß Ihnen etwas erklären.»

Sie stieß ein kehliges Lachen aus. «Kann *ich* Sie aus der Fassung bringen – Edwin?»

Diesmal war die Koketterie eindeutig. Er fühlte, wie sich sein ganzer Körper versteifte. Was erwartete sie von ihm? Er blickte auf ihre breite, schwellende Brust, auf den unersättlichen Mund.

«Es tönt so bedrohlich», neckte sie ihn, und ihre Augäpfel rollten über den Rand ihres Kognakglases. Ihre Lippen nippten die feurige Flüssigkeit.

«Maisie, ich ...» Er wich ihrem spöttischen Lächeln aus.

Sie streckte ihm die Hand entgegen. «Sind Sie wirklich so nervös?» rief sie. «Haben Sie Angst?» Und sanfter: «Sie sind genauso ungebunden wie gestern!»

Er ergriff ihre Hand. «Bitte versuchen Sie doch zu verstehen», plapperte er hervor, «daß ich's Ihnen *sofort* sagen muß! Jetzt! Um ... Mißverständnisse zu vermeiden. Ich bin vierundfünzig. Ich habe zu lange allein gelebt, um mir einzubilden, ich wäre fähig, noch mehr anzubieten. Maisie!» Er hielt ihre Hand mit seinen beiden Händen fest. «Ich biete Ihnen einen Seelenbund an, biete Ihnen Zuneigung, aber nicht ... Die Kirche hat auch für solche eingeschränkten Ehen vorgesorgt. In besonderen Fällen.» Er konnte es fühlen, wie ihre Hand in seinen Händen schlaff wurde. Er wagte den Blick nicht zu ihrem Gesicht aufzuheben. «Ich glaube, wir könnten einen Erfolg daraus machen! Falls Sie einwilligen. Es gibt noch so vieles außerdem! So vieles im Leben, abgesehen von jener einen Seite. Kameradschaft», bettelte er, «und gegenseitige Hochachtung und Zuneigung. Wir könnten gemeinsam die Farm leiten. Sie als Herrin in Ihrem eigenen Haus. Es ist ein schöner Besitz, Maisie. Sie wären unabhängig. Ich glaube, es wäre uns beiden geholfen ...» Er warf einen verstohlenen Blick auf sie, verstummte, ließ ihre Hand los.

Sie blickte aus dem Fenster, dorthin, wo die Harasse für Artischocken bis zur Türhöhe aufgetürmt waren, und dann zum Himmel, an dem das Tageslicht träge durchsikkerte, wie Milch, die allmählich in ein schwarzes Tuch eindringt. Nachdem er sich durch seine Worte befreit hatte, begann er sich in ihre Gefühle zu versetzen. Vermutlich überblickte sie ihre Hoffnungen, begrub sie vielleicht endgültig und fand sich vielleicht mit der zweitbesten Garnitur ab: mit deren Verläßlichkeit, und – ja, verdammt, das konnte er garantieren, mit deren Eintönigkeit. Er streckte die Hand aus. Sie sah sie nicht. Das arme Mädchen! Fühlte sie sich gedemütigt, weil sie solchen Eifer gezeigt hatte?

«Maisie», flüsterte er, «Sie brauchen jetzt nichts zu entscheiden. Lassen Sie mich's später wissen! Wenn ... wir brauchen uns nicht wieder zu begegnen. Ich mußte, mußte es Ihnen sagen, solange ich *konnte*», erklärte er inständig.

Oder hatte sie überhaupt nicht begriffen?

Sie blickte ihn nicht mehr an, bis sie ihren Kognak ausgetrunken hatte. Ihre Gesichtszüge waren zusammengeschrumpft. «Vielleicht sollten wir ins Hotel zurückkehren», sagte sie.

Sie gingen zu Fuß. Gebäude tauchten aus der Nacht auf. Vagabunden schliefen auf den Gittern längs der Bürgersteige, am Leben erhalten durch einen winzigen Hauch Wärme (oder die Erinnerung an Wärme), die achtlos von den umliegenden Häusern ausgeatmet wurde.

«Wie können sie das aushalten? Sie müssen halbtot sein!»

«Möchten Sie meinen Rock umnehmen?»

«Wer ist hier der Patient?»

Mitten auf dem Pont Neuf blieb sie stehen. «Ich gebe Ihnen meine Antwort jetzt», begann sie. «Ich weiß, daß Sie rücksichtsvoll und gütig sind ...»

«Oh», rief er traurig, «das bedeutet, daß ich ... daß Sie nein sagen wollen!»

«Im Gegenteil! Ich sage ‹Ja›! Ja, Edwin!»

Er ergriff ihre Hände. Er war gerührt und hätte ihr gern etwas Festliches, sogar Zärtliches gesagt. Aber er wagte es nicht. Statt dessen legte er ihr den Arm um die Taille und wirbelte sie in einer Art Tanz über die Brücke – in einer

Anwandlung von Überschwenglichkeit, wie sie die Gefühle einer starken oder unsicheren Natur stets begleitet. «Ich freue mich so, Maisie», erklärte er ihr atemlos, als sie auf der andern Seite stehenblieben. «Die alte Mrs. O'Keefe hat nämlich recht. Für *mich* ist es ein Wunder. Ein Geschenk. Denn Alleinsein ...»

Sie blickte ihn mit ihrem leisen Lächeln an. «Die Heilige Jungfrau hat ihre Handelsmarke auf dem Geschenk angebracht, nicht wahr?» bemerkte sie. Dann fuhr sie rasch fort (und legte ihm die Hand auf den Arm): «Aber ich freue mich auch. Wirklich!»

Er nahm die Hand. «Stimmt ja!» rief er. «Die Heilige Jungfrau! Du hast den Nagel auf den Kopf getroffen! Oh, wie gut du es durchschaust! Wir werden bestimmt großartig miteinander auskommen! Wart's nur ab!»

Sie gingen weiter. Rasch. Es war spät geworden, und sie mußte noch fertig packen.

Sinnlichkeit im Zeichen der Jungfrau

Die Jungfrau hegt geheime Träume

Unter den im Zeichen der Jungfrau geborenen Frauen gibt es mehr unverheiratete als in jedem andern. Das liegt daran, daß sie selten einen Mann finden, der ihren Maßstäben entspricht.

Die Jungfrau neigt dazu, die Menschen oberflächlich zu beurteilen, das heißt danach, ob sie adrett, appetitlich und sauber sind. Infolgedessen geht sie oft an wertvollen Persönlichkeiten beiderlei Geschlechts vorbei.

Wenn man sie verstehen will, darf man sie nicht als einen kalten Verstandesmenschen betrachten, sondern muß sie als eine Frau mit großer Selbstbeherrschung ansehen. Ihre Gemütsbewegungen sind die gleichen wie die anderer Frauen, aber sie zügelt sie mehr. Ihre geheimen Sehnsüchte bleiben meistens auch geheim.

Sie neigt zu Ernsthaftigkeit und Würde. Bescheidenheit ist ihr von Natur gegeben, und man wird sie selten dabei ertappen, daß sie sich mit ihren Leistungen brüstet. Sie hat ausgezeichnete Manieren und benimmt sich immer damenhaft – außer wenn sie herausgefordert wird. In ihren Augen ist man eine Dame, wenn man nie einen Menschen beleidigt, es sei denn, absichtlich. In diesem Fall muß man sich vor ihr hüten. Ja, am besten geht man in Deckung. Denn sie kann mit Worten angreifen, die sogar den Stärksten in die Knie zwingen.

Sie hält viel von Selbstverbesserung und Weiterbildung und bemüht sich sehr, sich selbst und ihre Lebensstellung zu verbessern. Besonders interessiert sie sich für Literatur, Musik und Malerei, und viele Jungfrau-Geborene entwickeln ein treffendes und scharfsichtiges Talent als Kritikerin.

Sie macht sich allzu viele Sorgen. Das rührt teilweise daher, daß sie überzeugt ist, verstandesmäßig fast jedes Problem lösen zu können. Sie vertraut ihrem Intellekt mehr als ihrer Intuition, und wenn sie vor einem Problem steht, kaut sie daran herum wie ein Hund an einem Fleischknochen, bis die Form deutlich sichtbar zutage tritt.

Sie kann großzügig, geduldig und gütig sein; aber sie ist auch sehr entschieden – ein kühles Wesen, dessen Kopf das Herz beherrscht. Wenn sie einen bestimmten Weg verfolgt, kann nicht einmal ein Hammerschlag auf den Kopf sie davon abbringen.

Ihre Tatkraft würde für zwei bis drei ausreichen, und sie nimmt jede Aufgabe mit der Überzeugung in Angriff, daß niemand sie so gut bewältigen kann wie sie selbst. Bei jeder Unternehmung ergreift sie alle erdenklichen Vorsichtsmaßnahmen gegen einen Mißerfolg. Wie ein Trapezkünstler, der ohne Netz arbeitet, muß sie genau wissen, wo das andere Trapez auf sie wartet, wenn sie zu ihrem dreifachen Salto durch die Luft startet.

Ihr Reich ist das Heim. Hier regiert sie, und ein kluger Mann wird sie gewähren lassen. Ihre Wohnung sieht aus, als lebte niemand darin. Jedes Ding muß an seinem Platz sein, und jedes hat seinen vorgeschriebenen Platz. Als kluge Konsumentin kann sie ein Geldstück strecken, bis es quietscht.

Sie weiß, was ein Mann begehrt. Wenn er es nicht selbst erkennt, wird sie ihm bei der Analyse der Lage helfen.

Aufs Analysieren versteht sie sich. Sie verfolgt mit der richtigen Entschlossenheit und dem richtigen Tempo praktische, erreichbare Ziele.

Wenn sie heiratet, dann gewöhnlich spät im Leben. Sie wird eine perfekte Hausfrau sein, eine vortreffliche Mutter (obwohl vielleicht ein bißchen zu streng) und ihrem Mann eine interessante Gefährtin.

Sie gibt gern kleine Einladungen, bei denen alles bis ins kleinste tadellos klappt. Leute mit schlechten Tischmanieren, nachlässig Angezogene, Fleckenmacher und Aschestreuer werden von ihr kein zweites Mal eingeladen. Bei intellektuellen Gesellschaftsspielen tut sie sich hervor.

Im Beruf wirkt sich ihre Genauigkeit ebenso aus wie zu Hause. Sie kann gut rechnen, und sie ist die beste Buchhalterin, die man sich vorstellen kann. Sie ist auch eine glänzende Privatsekretärin, besonders wenn die Branche ihrer Vorliebe für die eigene Fortentwicklung entgegenkommt. In jeder Stellung fordert sie einen Lohn, der ihr Unabhängigkeit sichert.

So objektiv und nüchtern sie auch zu urteilen vermag, in einem Punkt läßt sie sich blauen Dunst vormachen – nämlich wenn es sich um ihren Geliebten handelt. Seine Fehler und Schwächen sieht sie nicht. Sie bleibt dem Idealbild, das sie sich von ihm gemacht hat, treu, und ihre Gefühle wurzeln tief, auch wenn sie nicht offen gezeigt werden.

Sie behandelt den Mann gern, als ob er gewissermaßen jungfräuliches Land wäre, das erforscht, überwacht, entwickelt und verbessert werden muß. Sie kennt sich in der Psyche des Mannes aus, denn sie hat ein beinahe übersinnliches Wahrnehmungsvermögen, und gewöhnlich ist sie zum Schluß die Herrin über alles, was sie überwacht.

Sie erwartet von jedem, ebenso sauber und ordentlich wie sie selbst zu sein. Auf sie hätte der Zauber des gefeierten Dr. Samuel Johnson nicht gewirkt, der einmal bei Tisch neben einer parfümierten, eleganten Dame saß. «Herr Doktor Johnson, Sie riechen», bemerkte die Dame. Samuel Johnson, der Verfasser des ersten englischen Lexikons, nahm es mit Wörtern sehr genau; er antwortete: «Nein, Gnädigste, Sie riechen. Ich stinke.» Wenn die Dame zu den Jungfrau-Geborenen zählte, hat sie das sicher nicht amüsiert. Aber man kann darauf wetten, daß sie eine wirkliche Dame war.

Die Jungfrau-Frau mag Männer nicht, die wie ein Überschallflugzeug bei ihr zu landen versuchen. Sie bevorzugt diejenigen, die genügend Selbstdisziplin haben, um abzuwarten, bis sich eine Beziehung entwickelt hat, die Erotik einschließt. Natürlich würde sie es nicht so ausdrücken. Eher würde sie sagen, das Seelische sei auch wichtig, und jeder, der nur die rein körperlichen Aspekte hervorhebt, verstehe die wahre Bedeutung der Liebe nicht. Sie betrachtet die Werbung nicht als eine Einleitung, die man möglichst rasch hinter sich bringen muß, damit die Hauptsache endlich beginnen kann, sondern als anmutige, liebliche Ouvertüre zu einem symphonischen Höhepunkt. Sie läßt sich aber deswegen nicht zu rhapsodischer Gefühlsseligkeit hinreißen, dazu ist sie viel zu sehr ein Verstandesmensch.

Wenn es nach ihr geht, wird ihr Schlafzimmer nach frischen Blumen riechen und nicht nach schwülem, aufreizendem Parfüm. Man kann auch keinen dramatischen Auftritt mit nichts am Leibe als orientalischen Liebesperlen von ihr erwarten. Es handelt sich schließlich nicht um eine Filmszene, sondern ums wirkliche Leben.

Hat sie einmal beschlossen, sich hinzugeben, wird der Mann jedoch nicht enttäuscht. Ihre weibliche Grazie und Bescheidenheit, ihre sanft hingebungsvolle Wärme sind Balsam für jene, die des Scheinfeuerwerks müde sind.

Von Merkur regiert, dem Planeten des logischen Denkens, hat der Jungfrau-Mann einen scharfen Intellekt und zeichnet sich bei geistiger Arbeit aus. Er interessiert sich für fast alles, wenn es seinem persönlichen Vorwärtskommen förderlich ist. Das erste, was er von andern Menschen wissen will, ist, ob sie Geld haben und wie sie damit umgehen. Seiner Meinung nach ist es Sünde, Geld zu verschwenden, denn es ist ein Maßstab, nach dem sich Leistungen und Wert der Menschen abschätzen lassen.

Niemand kann den Jungfrau-Mann zu einem Abenteuer überreden, das ein Risiko in sich schließt. Ein Instinkt warnt ihn, wenn er auf zu dünnes Eis gerät, und er kehrt dann einfach um. Vielleicht ist es nicht ganz richtig, bei ihm von einem Instinkt zu sprechen. Der praktische und analytische Verstand des Jungfrau-Mannes deckt bei jedem Vorschlag sofort die Risiken auf. Wenn er nein sagt, folgt er keiner Ahnung, sondern fällt ein Urteil, das auf Fakten beruht, wie er sie sieht – und niemand sieht sie besser. Man kann sich auf sein «Nein» als das letzte Wort verlassen. Bei ihm bedeutet es nicht «Vielleicht».

Bei der Auswahl seiner Freunde und Partner läßt er ein feines Unterscheidungsvermögen walten. Dabei irrt er sich selten. Bestimmt macht er denselben Fehler nicht zweimal. Er handelt nach dem Sprichwort: «Gebranntes Kind scheut das Feuer.»

Da er erwartet, daß andere Menschen nach seinen eigenen Maßstäben leben sollen, ist er oft überkritisch. Was nicht gerade förderlich ist, wenn man Freunde gewinnen oder Frauen beeinflussen will. Niemand hat gern, wenn sein Charakter auf den kleinsten Fehler hin durchleuchtet wird. Der Jungfrau-Mann kann aber einfach nicht anders! Es fällt ihm auch schwer, einem Menschen zu schmeicheln. Gewöhnlich von nervösem Temperament, braucht er eine ruhige Umgebung, um sein Bestes zu geben. Daher auch seine Vorliebe für frische Luft, Gymnastik und Diät. Die Gesundheit zu pflegen ist ihm heilig, ebenso genügend Freizeit, um die Fähigkeiten zu entwickeln, die ihn im Leben vorwärtsbringen.

Die Frau ist für ihn eine Kuriosität, die untersucht werden muß, mit der man experimentiert, die man hätschelt und verzärtelt. Was Erotik betrifft, so ist diese eben eine der vielen Facetten des Lebens, eine nicht zu übersehende Erfahrung – vorausgesetzt, man hat Zeit und Lust dazu.

Unter diesem Zeichen sind die meisten Junggesellen geboren. Jungfrau-Männer sind so sehr damit beschäftigt, im Beruf Perfektionisten zu sein, daß für Romantik nichts mehr übrigbleibt. Sie sind systematisch und gewissenhaft, haben ein starkes Verantwortungs- und Pflichtgefühl. In der Hierarchie einer großen Firma findet man den Jungfrau-Mann oft als zweiten Mann. Er ist methodisch und verläßlich, doch infolge seiner Bescheidenheit findet er meistens nicht die gebührende Anerkennung.

Er ist ein zuverlässiger, gescheiter, fleißiger, gewissenhafter Arbeiter. Wird ihm ein Problem vorgelegt, wird er gewöhnlich die Lösung finden. Wenn er sich dabei Zeit läßt, liegt es daran, daß er umständliche Nachforschungen anstellt und Informationen sammelt, um sich gegen jeglichen Irrtum abzusichern. Wenn er etwas haßt, so ist es, unvorbereitet überrumpelt zu werden.

Er trägt keine saloppe Kleidung, und man wird ihn nie mit einem struppigen Bart sehen. In bezug auf seine äußere Erscheinung ist er ebenso pedantisch wie in seiner Ausdrucksweise.

Er gehört nicht zu den aufregendsten Männern, mit denen sich eine Frau abgeben kann; aber er wird dafür sorgen, daß sie sich behaglich und glücklich fühlt. Er spielt auf der Tonleiter der Leidenschaft nicht von Alpha bis Omega, verlangt aber auch nicht fortwährende Aufmerksamkeit, stellt sich nicht ins Scheinwerferlicht, bleibt immer freundlich und rücksichtsvoll. Selbst wenn er herausgefordert wird, verliert er nicht so leicht die Beherrschung.

In der Beziehung zu einer Frau mag er eine väterliche Einstellung annehmen und ein beschützerisches Interesse an ihrem Leben bekunden. Er kann ein unschätzbarer Freund und Ratgeber sein. Wenn sie mehr Romantik wünscht, muß sie sich auf einen Kampf gefaßt machen. Zur Heirat entschließt er sich nur schwer, sicher erst nach langen Überlegungen, ob sie als Lebensgefährtin seiner Laufbahn nützlich sein wird, ob sie genügend Geld hat, sein Leben zu verbessern, ob sie ihm ein behagliches Heim bieten wird, so daß er ungestört seiner Tätigkeit nachgehen kann.

Seinerseits wird er Geborgenheit, Zuverlässigkeit, Treue bieten. Große Geselligkeit und gesellschaftlichen Trubel darf sie nicht erwarten, denn das ist nicht sein Bier. Er verbringt seine Freizeit lieber mit Gartenarbeit oder mit Lesen. Sie braucht sich nicht zu sorgen, daß er sich die Nacht in der Kneipe um die Ohren schlägt. Ein Gesellschaftslöwe ist er nicht.

Er ist durch und durch treu. Die Frau, mit der er sich verbindet, wird nicht betrogen. Er spielt seine Karten genauso aus, wie sie ihm zugeteilt worden sind. Treue ist für ihn kein leerer Wahn. Aber wie bei vielen Menschen, die sich zu hoher Moral bekennen, läßt sich seine Moralität oft auf einfache Begierdelosigkeit zurückführen.

Romantische Aufregung? Nein.

Sicherheit? Ja.

Der Jungfrau-Mann geht nicht auf Mädchensuche.

Wenn seine Partnerin daran zurückdenkt, wie es eigentlich angefangen hat, wird ihr einfallen, daß sie den ersten Schritt getan hat. Er ist zu scheu, den Anfang zu machen. Wahrscheinlich hat sie ihn ganz zufällig durch gemeinsame Bekannte oder am Arbeitsplatz kennengelernt.

Zur ersten Verabredung sollte sie besser pünktlich erscheinen – und das auch weiterhin –, denn Pünktlichkeit ist wichtig. Andere Eigenschaften, die er besonders bewundert, sind Takt, Haltung, gute Umgangsformen (einschließlich Tischmanieren) und eine breite Skala in der Unterhaltung. Er möchte den Ort des Stelldicheins wählen, und er hat feste Vorstellungen von den Menschen, mit denen er zusammenkommen mag.

Man braucht keine Sorgen zu haben, daß sich seine Hand unter dem Tisch an die falschen Stellen verirrt, er in der Öffentlichkeit demonstrativ Zärtlichkeiten verteilt oder daß er nach dem Ausgehen noch den berüchtigten Schlummertrunk in der Wohnung der Angebeteten erwartet. Das ist nicht seine Art.

Es kommt bei ihm nicht zu vulgärer Entfaltung von Leidenschaft, nicht zu unerwünschter Aufdringlichkeit. Er legt eher Wert auf Ästhetik als auf Sinnlichkeit.

Doch immer ist er empfänglich für Anregungen, und eine draufgängerische Frau kann fast alles von ihm haben, was sie sich wünscht.

So fängt man's an

Witz und Können sind das A und O

Die Jungfrau fühlt sich zu Menschen hingezogen, die charmant, anmutig, ausgewogen sind.

Sie bewundert Witz und Talent. Ein wenig geistreich muß man schon sein, wenn man ihr Eindruck machen will. Ist es damit nicht so weit her, läßt sich das durch guten Geschmack wettmachen. Man lasse durchblicken, daß man die schönen Künste ebenso schätzt wie sie, und bereite sich durch Lesen von Kunstkritiken vor, um ihr durch eine fundierte Meinung Eindruck zu machen. Sie hat Freude an Schlagfertigkeit, die allerdings spontan sein sollte. Lange Monologe liebt sie weniger.

Sie setzt sich im Beruf voll und ganz ein. Und wendet Überstunden auf, um ihren Arbeitsplatz immer aufgeräumt zu hinterlassen. Bei Einladungen hilft sie beim Abwaschen, leert die Aschenbecher, greift dauernd ein, während die Party in vollem Gang ist. Eine Freude für jeden Gastgeber!

Wie nähert man sich ihr am besten? Man versuche es mit einem originellen Thema, keinesfalls mit abgedroschenen Floskeln.

Elegante, teure Lokale, Rennplätze oder Spielbanken sind nicht angebracht. Sie verabscheut Geldverschwendung. In bezug auf Geschenke kann man mit einem guten Buch oder einer gediegenen Langspielplatte nie fehlgehen. In der Kleidung bevorzugt sie Klassisches und Unauffälliges, aber gute Qualität. Auch Parfüm muß unaufdringlich sein.

Nicht zu vergessen: Der Jungfrau-Geborene möchte den andern achten, möchte glauben, daß der Partner ihm an Bildung, kulturellen Interessen und gesellschaftlicher Stellung ebenbürtig oder überlegen sei.

Ein Vorschlag: Den Jungfrau-Mann schleppt man am besten auf eine Warenmesse, wo die neuesten Errungenschaften ausgestellt sind; an Fortschritt und Verbesserungen ist er immer interessiert. Der Jungfrau-Dame führt man die neuesten Errungenschaften für Küche und Haushalt vor oder bummelt mit ihr durchs Warenhaus. Vornehmlich zur Ausverkaufszeit. Das zieht bei ihr immer.

Perfektionismus im Beruf

Bei der Berufswahl wählt der junge Jungfrau-Typ im allgemeinen auf Grund vernunftgemäßer Überlegung. Er scheut vor keiner Anstrengung zurück, die sein Bildungsgang von ihm fordert. Früh schon hat er eine ernste Lebensauffassung, er liebt die Arbeit. Unentwegt versucht er seine Stellung zu verbessern: Er trachtet nach Vervollkommnung und Meisterschaft.

Auf praktischem Gebiet ist er sehr geschickt. Er hat es tatsächlich in der Hand, komplizierte und feine Arbeiten auszuführen. Er ist denn auch ein guter Handwerker, Facharbeiter oder Techniker. Da er oft über einen hohen Intelligenzgrad verfügt, zieht er gern einen intellektuellen Beruf vor: Man sieht ihn als Ingenieur oder Organisationsleiter. Praktische und theoretische Qualitäten verbinden sich in ihm, doch meist herrscht die eine vor.

Berufliche Einordnung

Neigungen:
zurückhalten, kontrollieren, beherrschen, ausarbeiten

Funktionen:
wahrnehmen, analysieren, zerlegen, zusammenfügen, montieren

Objekte:
Gesundheit, Tiere, kleine Gegenstände, fabrizierte Produkte

Handlungen:
anhäufen, analysieren, klassieren, sammeln, rechnen, aufbewahren, kontrollieren, handhaben, messen, regulieren, prüfen.

Orte:
Werkstätten, Büros, Laboratorien, Geschäfte, Krankenhäuser, Fabriken

Möglichkeiten:
a) Arzt, Apotheker, Tierarzt, Hebamme, Drogist
b) Präzisionsindustrie: Uhrmacher, Optiker, Monteur
c) Ingenieur, Chemiker, Statistiker, Archivar, Laborant, Buchhalter, technischer Zeichner
d) Handwerker, Töpfer, Bauer, Kaufmann
e) technischer Sekretär, Stenograph
f) Hausdiener, Büroangestellter, Beamter

Das liebe Geld

Sparschaft bringt Barschaft

Kennt man den Charakter des Jungfrau-Typs, so weiß man auch, wie er sich gegenüber dem Geld verhält.

Der klassische Typ ist sparsam und vorsorglich. Von seinem Gehalt legt er für regelmäßige Ausgaben die nötigen Beträge beiseite, um gegen Unvorhergesehenes gewappnet und am Monatsende nicht ohne einen Heller zu sein.

Er regelt sein Dasein auf vernünftige und praktische Weise. Aus lauter Sicherheitsbedürfnis schließt er Versicherungen ab: Er will Garantien für einen schönen Lebensabend. Er neigt dazu, Ersparnisse anzulegen, um sich eines Tages ein Auto, ein Stück Land, ein Haus kaufen zu können. Langsam klimmt er empor; er versteht es, sich durch kluges, haushälterisches Rechnen ein angenehmes Dasein zu sichern.

Und das «Glück»? Er glaubt nicht an Frau Fortuna, deren Augen sind ja verbunden. Das Spiel? Ein Abenteuer, das ihn nicht lockt. Die Lotterie? Er ist zu skeptisch, als daß er glaubte, sein Los könnte gewinnen. Spekulationen? Er ist zu realistisch, um andern ins Garn zu gehen, und zu ängstlich, um Unsicheres zu wagen.

Der ambivalente Typ kennt beides: Sparen und Ausgeben. Er kann leidenschaftlich Schätze anhäufen und plötzlich, in einem Anfall von «Verschwendungswut», alles ausgeben, was er sich mühsam ersparte. Diese Unbeständigkeit bringt ihm wechselndes Glück.

Die Jungfrau als Chef – ein Organisationstalent

Wenn Sie einen Jungfrau-Chef haben, seien Sie nett zu ihm. Wahrscheinlich sorgt er sich im geheimen und ist unglücklich. Jungfrauen sind nicht die geborenen Vorgesetzten, die andere kraftvoll führen, und sie bedauern meist bald, daß sie sich mehr vorgenommen haben, als sie verkraften können. Natürlich gibt es einige Jungfrauen, deren Planetenpositionen und Aspekte im Geburtshoroskop sie durchaus dazu befähigen, in Machtpositionen ihren Mann zu stehen, aber es sind wenige.

Der typische Jungfrau-Mann ist am ehesten als die Macht hinter dem Thron in seinem Element, als der Mann, der die Ideen anderer zuverlässig ausführt. Er ist glücklicher und erfolgreicher als Vorsitzender des Aufsichtsrates, statt Generaldirektor einer großen Gesellschaft zu sein, der sich mit den Problemen seiner Angestellten auseinandersetzen und ein glänzendes Aushängeschild für die Firma sein muß. Den Jungfrauen liegt nichts daran, die eigene Person in den Mittelpunkt zu stellen, und die Probleme anderer Leute hören sie sich auch nicht gerne an. Schließlich haben sie selbst genug Sorgen, mit denen sie sich ein Leben lang herumquälen, wenn auch viele nur eingebildet sind.

Für die impulsiven Handlungen fortschrittlicher Partner verantwortlich zu sein, Befehle an Untergebene zu erteilen, die Werbung energisch zu betreiben und mit den Finanzen eines großen Unternehmens zu jonglieren, erfordert eine dickere Haut und ein stärkeres Selbstbewußtsein, als die meisten Jungfrauen besitzen. Er ist darum oft ein unglücklicher Einzelgänger als leitender Angestellter, denn er neigt dazu, den Wald vor Bäumen nicht zu sehen. Gerade das macht ihn jedoch zu einem unersetzlichen Juwel als Berater des Firmenleiters. Die großen Ideen hat er vielleicht nicht, aber er kann die Unklarheiten und Ungenauigkeiten ausmerzen, die die impulsiveren Leute so nachlässig übersehen. Wenn irgend jemand komplizierte Probleme geschickt lösen und sie mit dem geringsten Aufwand und den wenigsten Fehlern durchführen kann, so ist es ein Jungfrau-Mann. Ein solches Talent sollte niemals in der vordersten Front verschwendet werden, wo es nie genug Ruhe gibt, um peinlich genaue Wunder zu vollbringen.

Ein Jungfrau-Mann wird wenig Ausflüchte machen, wenn er um seine kritische Meinung gebeten wird, und seien wir ehrlich, ein Verantwortlicher muß oft lächeln und «ja» sagen, wenn er «nein» meint, und die Stirne runzeln und «nein» sagen, wenn er «ja» meint. Das gehört zu den Spielregeln. Ein Jungfrau-Mensch nennt die Dinge beim Namen und ist erstaunt, wenn die Leute ihn dafür verurteilen.

Deshalb nimmt er in hoher Stellung oft Zuflucht zur Täuschung, und da Täuschung ganz und gar nicht zu seinen angeborenen Talenten gehört, wird er am Ende beschuldigt, verschlagen und heuchlerisch zu sein. Wie schade, wo doch die Jungfrau Heuchelei zutiefst verabscheut. Aber das ist der Preis, den der unter diesem Zeichen Geborene dafür zahlen muß, daß er auf einem Stuhl sitzt, der nicht für ihn bestimmt war. Die endlosen Essen mit Geschäftsfreunden, bei denen soviel geredet wird, treiben den durchschnittlichen Jungfrau-Mann nach ein paar Monaten in eine Einsiedlerhütte, und nach einigen Jahren kann es sogar zum Nervenzusammenbruch kommen.

Jeder Jungfrau-Mensch, der wirklich in sich geht, kommt zu dem Schluß, daß es besser für ihn ist, wenn er das Getriebe innerhalb der Organisation in Gang hält und jemand anders für die Fotos posiert. Nimmt er seine Arbeit wirklich ernst (und welche Jungfrau tut das nicht?), so verachtet er insgeheim die zusätzliche gesellschaftliche Aktivität, die der Leiter einer Firma entfalten muß, denn sie hält ihn von seinen Pflichten ab – und Pflichtverletzung ist etwas, was die Jungfrau keinesfalls auf die leichte Schulter nimmt.

Immerhin, wenn das Unternehmen klein ist und nicht mehr als zirka zwölf Angestellte hat, kann ein Jungfrau-Mann sich durchaus als Kapitän der Mannschaft bewähren. Ganz sicher wird sein Schifflein auf keine unerwarteten Hindernisse stoßen, denn jede mögliche Gefahr wird er im einzelnen genau ins Auge fassen. Aber das große Geschäft und die typische Jungfrau gehören nicht zusammen, Ausnahmen bestätigen die Regel. Bei einer Jungfrau mit Krebs-Aszendenten oder einem Mond im Steinbock sieht es zum Beispiel ganz anders aus. Ein solcher Jungfrau-Mann könnte als Leiter einer großen Firma ein echter Gewinn sein, genauso wie der durchschnittliche Jungfrau-Mann als Leiter einer kleinen Firma im allgemeinen erfolgreich ist.

Jungfrau-Männer zeichnen sich außerdem als Leiter wissenschaftlich-experimenteller Gruppen aus, bei denen es um exakte Forschung geht.

Der Jungfrau Chef wird über die Nachlässigkeit einer Sekretärin, die in der Rechtschreibung nicht ganz sicher ist, Tintenflecke an den Fingern hat und seine Blumen zu gießen vergißt, nicht hinwegsehen. Sie müssen flink und bei der Sache sein, wenn Sie sich eine Beförderung erhoffen. Sagen Sie Ihrem Vorgesetzten nicht, seine Besprechung sei um drei Uhr, wenn sie in Wirklichkeit um zwei Uhr fünfundvierzig ist. Sie werden es dann mit einem schlechtgelaunten, gereizten Chef zu tun haben, der sich nicht scheuen wird, auf Ihre Ungeschicklichkeit mit haarsträubender Deutlichkeit hinzuweisen. Und erinnern Sie ihn lieber nicht daran, daß er selbst die Papiere, die er für diese Besprechung braucht, verlegt hat. Er wird Sie nur höchst verärgert anstarren. Versuchen Sie es mehr als einmal, dann werden Sie vielleicht bald ohne Stellung sein. Wenig Kritik ist mehr als genug für Ihren Jungfrau-Chef. Das heißt, von ihm aus gesehen. Was Sie betrifft, finden Sie sich besser damit ab, daß Sie eine Menge einstecken müssen. Es gibt nur einen Weg, das zu vermeiden: Machen Sie keine Fehler. Es ist wirklich ganz einfach.

Wenn Sie sich einmal daran gewöhnt haben, daß er ein Perfektionist ist, werden Sie entdecken, daß Ihr adleräugiger Jungfrau-Chef gutherzig und gerecht ist. Die Einzelheiten Ihrer letzten Liebesaffäre werden ihn nicht interessieren, denn die typische Jungfrau wird von Gefühlen gelangweilt, aber er wird mitfühlend Ihrer Bitte um einen freien Nachmittag lauschen, weil der Nagel Ihres kleinen Zehs behandelt werden muß. Er wird verstehen, daß man fehlt, wenn man krank ist. Büroflirts und Nachlässigkeiten versteht er nicht. Halten Sie Ihren Schreibtisch in Ordnung, laufen Sie nicht im Minirock und mit dickem Make-up im Büro herum, und hören Sie gewissenhaft zu, wenn er Ihnen Anweisungen gibt. Ist er mit Ihrem Aussehen und Ihrer Kleidung, Ihren Arbeitsgewohnheiten und Ihrem Verstand einverstanden, kann er ein überraschend großzügiger, freundlicher und rücksichtsvoller Vorgesetzter sein.

Männer, die für einen Jungfrau-Chef arbeiten, haben es mit einem etwas anderen Problem zu tun. Er erwartet von Ihnen, daß Sie mit schöpferischen Ideen zu ihm kommen und sich vor allem auf dem Gebiet der Werbung etwas einfallen lassen. Er möchte also, daß Sie die Eigenschaften haben, die ihm fehlen. Sie müssen nur darauf achten, daß Sie sich Mäßigung auferlegen. Er weiß, daß Sie mehr Schwung haben als er, aber er weiß auch, daß er mehr Organisationstalent hat als Sie, ganz zu schweigen von der Vorsicht und dem Sinn fürs Praktische. Er wird kaum begeistert sein, wenn Sie es ihn zu deutlich fühlen lassen, daß Sie den Laden auch ganz gut ohne ihn schmeißen könnten. Er hat zweifellos recht. Er hat meistens recht, was ein wenig bedrückend sein mag, bis Sie sich daran gewöhnt haben und es lernen, ihn deshalb zu achten.

Ihr Jungfrau-Chef hat vielleicht die Schublade voll von Mitteln gegen Verdauungsbeschwerden und den Kopf voll Tatsachen und Zahlen, aber er hat auch ein Herz voll Mitgefühl und die Gabe, Bürostreitigkeiten zu schlichten. Er wird keine Straßenkreuzer oder Nerzcapes als Weihnachtsgratifikation verteilen, aber er wird Ihnen zahlen, was Sie wert sind, und Sie nicht betrügen. Und er ist durchaus in der Lage, Ihren Wert zu beurteilen. Es ist schwierig, wenn nicht unmöglich, ihn zum Narren zu halten.

Versuchen Sie seine Neigung zu Kritik mit Anstand hinzunehmen. Sagen Sie ihm immer die Wahrheit. Es ist sinnlos, ihn anzulügen, er nimmt es Ihnen doch nicht ab.

Wenn Sie ihn verständnisvoll unterstützen und ihn respektieren, wird er Sie niemals verletzen. Innerlich ist er eine gütige Seele und oft entsetzlich einsam, sei er nun verheiratet oder ledig. Er freundet sich nicht leicht mit

Menschen an und wird rührend dankbar für Ihre Ermutigung sein. Wie alle Jungfrauen hat er seine geheimen Träume und ist längst nicht so gefühllos, wie es scheint. Zeigen Sie ihm, daß Sie sein gutes Herz entdeckt haben, und er wird seine Zurückhaltung aufgeben. Glauben Sie es nicht, wenn ihn die anderen Angestellten geizig nennen. Gehen Sie zu ihm, wenn Sie wirklich in Schwierigkeiten stecken, und Sie werden entdecken, wie unrecht sie haben.

Der Jungfrau-Angestellte ist absolut zuverlässig

Wenn Sie einen Jungfrau-Angestellten haben, der eine typische Jungfrau ist, behandeln Sie ihn mit Hochachtung und machen Sie ihn langsam zu Ihrem Assistenten. Aber nur allmählich, sonst ist er unvorbereitet und wird widerstreben. Rasche Beförderung macht den Jungfrau-Menschen argwöhnisch. Dann glaubt er, daß Sie zu impulsiv sind, als daß er Ihnen vertrauen könnte.

Sie brauchen diesen Angestellten nicht mit Gehaltszulagen zu überschütten. Zahlen Sie ihm andererseits aber auch nicht zu wenig. Er ist sich seines Wertes durchaus bewußt. Er wird nicht zögern, sich eine andere Stelle zu suchen (trotz seiner grundsätzlichen Treue und Beständigkeit), wenn er spürt, daß Sie ungerecht oder unvernünftig sind. Man hört oft, daß die Jungfrauen arbeiten, ohne dabei an das Geld zu denken. Das stimmt nicht ganz. Sie arbeiten, ohne eine Würdigung ihrer Persönlichkeit zu erwarten (obwohl sie es im geheimen vielleicht ersehnen). Der Jungfrau-Angestellte möchte voll und ganz für seine Anstrengung bezahlt werden, denn Geld ist ihm wichtig. Er braucht kein Status-Symbol, und ihn bewegt auch nicht – wie den Krebs – der Wunsch, seine Schätze zu horten. Es ist seine ewige Angst, eines Tages der Fürsorge zur Last fallen zu müssen, wenn er alt, krank und schwach und auf andere angewiesen ist. Schon bei dem Gedanken an eine solche Situation wird dem Jungfrau-Menschen übel. Wahrscheinlich wird er im Alter viel gesünder sein als andere Menschen. Obwohl sie in der Kindheit viel kränkeln, werden die Jungfrauen mit zunehmendem Alter immer kräftiger. Im stillen aber sorgen sie sich um ihre Gesundheit und ihre finanzielle Zukunft. Erst wenn sie eine Stellung gefunden haben, die ihnen finanzielle Sicherheit für die Zukunft garantiert, legt sich Ihre nervöse Unrast. Ganz entspannt sich ein Jungfrau-Mensch allerdings nie, aber er beißt vielleicht weniger Fingernägel, und seine Allergien lassen etwas nach.

Sie werden feststellen, daß er einen glänzenden Scharfblick für Einzelheiten hat, manchmal vielleicht zu sehr, so daß es kaum angenehm ist. Daß Sie der Chef sind, wird ihn keineswegs davon abhalten, Ihre Fehler zu entdecken und in wohlbekannter Jungfrau-Manier darauf hinzuweisen. Stellungen und Titel sind ihm nicht heilig, nur die Vollkommenheit; obwohl er Ihnen äußerlich wahrscheinlich mit mehr Respekt begegnet als seine Kollegen.

Welche Fehler die Jungfrauen auch immer haben mögen, Sie können damit rechnen, daß diese Angestellten, ob nun männlich oder weiblich, starke analytische Fähigkeiten und einen ausgezeichneten Geschmack besitzen. Sein Scharfblick macht den typischen Jungfrau-Angestellten zu einem ausgezeichneten Kritiker, der die Gabe besitzt, das schwächste Glied in der Kette mit größter Präzision und Geschwindigkeit zu entdecken. Das schließt Ihre eigene gelegentliche Faulheit mit ein. Der Chef, der sich einen Tag freinimmt, um Golf zu spielen, kann bei seiner Rückkehr einen Jungfrau-Angestellten vorfinden, der ihn mit schlecht verhohlenem Mißfallen betrachtet, obwohl ihm seine Wohlerzogenheit verbietet, etwas zu sagen.

Die Jungfrauen glänzen vor allem auf Gebieten, die der

Allgemeinheit dienen. Verlage, alles Literarische, Medizin, Apotheken, alles, was mit Nahrungsmitteln zu tun hat, wissenschaftliche Laboratorien, Agenturen aller Arten, Buchhaltung und Rechnungswesen – überall dort zeichnet sich die tüchtige, systematische Jungfrau aus. Noch die winzigste Einzelheit ist der Beachtung wert, und der Jungfrau-Mensch wird ohne Zögern Überstunden machen, wenn etwas nicht ganz in Ordnung ist und seine Aufmerksamkeit erregt.

Ihren Jungfrau-Angestellten können Sie ganz bestimmt ohne Aufsicht arbeiten lassen. Sein moralisches Verhalten und sein Verantwortungsbewußtsein sind über jeden Zweifel erhaben. Außerdem wird er es wahrscheinlich vorziehen, entweder ruhig für sich allein oder vertrauensvoll an Ihrer Seite zu arbeiten, statt der möglichen Kritik seiner Kollegen ausgesetzt zu sein. Die Jungfrauen arbeiten schnell, aber das werden Sie vielleicht nicht gleich bemerken, denn Jungfrauen geben sich nicht mit Schnellverfahren zufrieden, sondern prüfen alle Einzelheiten. Daher mag es den Anschein haben, als seien sie langsam, nur weil sie gründliche Arbeit leisten. In Wirklichkeit arbeitet ihr Verstand rasch, aber sie gehen vorsichtig und methodisch vor.

Die Werbung liegt ihrer praktischen, realistischen Art eigentlich nicht, sie könnten hier aber doch manche Lücke füllen, die von den mehr schöpferischen, aber oberflächlichen Geistern gelassen wird. Ihren Jungfrau-Angestellten als Vertreter oder Werber für Ihre Firma loszuschicken, wäre allerdings nicht sehr ratsam. Er ist zu ehrlich und direkt, um Ihren zukünftigen Kunden ein herrliches Bild vorzugaukeln, und er ist im Grunde seines Wesens zu scheu und zurückhaltend, als daß er entweder sich selbst oder Ihre Firma anderen mit großer Begeisterung aufdrängen könnte.

Er wird großen Wert auf Ordnung legen, sich gepflegt kleiden und sich ebenso ausdrücken. Wenn Jungfrauen unordentlich werden, sowohl zu Hause als im Beruf, so ist das immer ein Zeichen dafür, daß sie unglücklich sind – und das gleiche trifft für die Schützen zu, wenn sie plötzlich ordentlich und penibel werden.

Beißen Sie sich auf die Zunge, wenn Sie den Drang verspüren, die Arbeit eines Jungfrau-Angestellten zu kritisieren. Er hat die eigenen Fehler wahrscheinlich längst erkannt. Jede notwendige Kritik sollte kurz und ruhig vorgebracht werden, und unnötige Kritik sollte vermieden werden. Sein Herz ist schnell zu Treue und Dankbarkeit bereit, aber es bedarf auch nur eines kleinen Anstoßes, um die Jungfrauen zu veranlassen, kratzbürstig zu werden, sich zu kränken oder zu schmollen. So schnell er jedoch mault und Beleidigungen wittert, so rasch ist er auch bei der Hand, wenn es darum geht, tatkräftig zuzugreifen, weil Sie in Schwierigkeiten sind. Während einer Krise wächst er über sich hinaus.

Obwohl der echte Jungfrau-Mensch sich selten mit esoterischer oder schöpferischer Arbeit befaßt, wird es doch einige Ausnahmen geben. Der Jungfrau-Astrologe wird seine Untersuchungen mit haarspalterischer Genauigkeit durchführen, der Jungfrau-Dichter wird das exakte Versmaß einhalten, der Maler wird sich auf Einzelheiten konzentrieren, und der Jungfrau-Schauspieler wird den für die Rolle erforderlichen Dialekt oder Akzent sorgfältigst studieren und beherrschen. Lassen Sie sich niemals verwirren, wenn jemand, der unter einem bestimmten Sonnenzeichen geboren ist, beruflich nicht das tut, was eigentlich seiner Natur entspräche. Beobachten Sie genau, und Sie werden entdecken, daß er im Grunde seinem Wesen treu bleibt.

Wenn Sie Ihren Jungfrau-Angestellten nach und nach

von unten (er hat nichts dagegen, dort anzufangen) zu Ihrer rechten Hand befördert haben, können Sie es sich etwas leichter machen und wirklich ein paar Runden Golf spielen gehen. Sie wissen ja, daß Ihnen ein absolut zuverlässiger Mensch im Büro den Rücken deckt. Freilich mögen Sie sich bei Ihrer Rückkehr ein wenig schuldig fühlen, wenn Sie den vorwurfsvollen Ausdruck in den schönen, klaren Jungfrau-Augen entdecken. Sie wollen sagen, Sie haben noch nie bemerkt, wie gut Ihre Jungfrau-Angestellte aussieht? Sehen Sie noch einmal hin!

Frank R. Stockton

Roter Kaliko

Eines Morgens wollte ich mich gerade aus unsrer Vorortswohnung in die Stadt begeben, als mir meine Frau ein rotes Läppchen gab und mich bat, ihr zweieinhalb Meter von diesem Kaliko zu besorgen, falls ich im Laufe des Tages etwas Zeit hätte. Ich versicherte ihr, daß es überhaupt keine Mühe für mich bedeutete, steckte das Musterläppchen in die Tasche und nahm den Zug, der mich in die Stadt brachte.

Um die Mittagszeit ging ich in ein großes Schnittwarengeschäft, um die Besorgung für meine Frau zu erledigen. Ich sah einen sorgfältig gekleideten Herrn zwischen Ladentischen umhergehen, hinter welchen lange Reihen junger Mädchen noch längere Reihen von Kundinnen bedienten, und fragte ihn, wo ich roten Kaliko erhalten könne.

«Hier entlang, Sir!» Und er führte mich durch den Laden. «Miss Stone», sagte er zu einer jungen Dame, «zeigen Sie dem Herrn den roten Kaliko!»

«Was für ein Rot wünschen Sie?» fragte Miss Stone.

Ich zeigte ihr das Läppchen, das meine Frau mir gegeben hatte. Sie betrachtete es und gab es mir zurück. Dann holte sie einen großen Ballen roten Kalikos herunter und breitete ihn auf dem Ladentisch aus.

«Oh, das ist nicht dasselbe Rot!» sagte ich.

«Nein, nicht haargenau», sagte sie, «aber er ist hübscher als Ihr Muster!»

«Kann sein», sagte ich, «aber er soll eben zu dem Muster passen. Aus diesem Kaliko wurde schon etwas angefertigt, was noch eine Verlängerung oder sonst ein Zusatzteil benötigt. Deshalb brauche ich Kaliko vom gleichen Farbton.»

Das Mädchen sagte nichts, sondern holte einen andern Ballen herunter.

«Das ist derselbe Farbton!» sagte sie.

«Ja», erwiderte ich, «aber er ist gestreift.»

«Gestreifter Kaliko wird heute am meisten getragen», sagte sie.

«Aber er soll nicht getragen werden. Er ist, glaube ich, als Möbelbezug gedacht. Jedenfalls möchte ich ganz glattes Zeug, das zu dem schon vorhandenen paßt.»

«Ganz glatten Kaliko bekommen Sie wahrscheinlich nur, wenn Sie Türkisch-Rot nehmen.»

«Was ist Türkisch-Rot?» fragte ich.

«Türkisch-Rot ist ein völlig glatter Kaliko», sagte sie.

«Dann zeigen Sie ihn mir bitte!»

«In Türkisch-Rot haben wir keinen glatten Kaliko mehr da, aber wir haben sehr hübsche glatte Kalikos in andern Farben.»

«Ich möchte keine andre Farbe. Ich möchte Stoff haben, der zu meinem Muster paßt!»

«Es ist schwierig, zu einem so billigen Kaliko etwas Passendes zu finden», sagte sie. Ich ließ sie stehen.

Danach ging ich in ein Geschäft ein paar Türen weiter straßauf.

Als ich eintrat, wandte ich mich an den Abteilungsleiter, reichte ihm mein Muster und fragte: «Haben Sie so einen Kaliko?»

«Ja», sagte er. «Am dritten Ladentisch rechts!»

Ich ging zum dritten Ladentisch rechts und zeigte dem dort beschäftigten Verkäufer mein Muster. Er betrachtete die Oberseite und die Unterseite. Dann sagte er: «So etwas führen wir nicht!»

«Mir wurde gesagt, Sie hätten es», entgegnete ich.

«Wir hatten es, aber jetzt führen wir es nicht mehr. Sie bekommen diese Stoffe bei einem Tapezierer.»

Ich ging über die Straße zu einem Tapezierer.

«Haben Sie diesen Stoff?» fragte ich.

«Nein», sagte der Verkäufer. «Den haben wir nicht. Soll's für Möbel sein?»

«Ja», antwortete ich.

«Dann brauchen Sie Türkisch-Rot.»

«Ist Türkisch-Rot genau wie das Muster?» fragte ich.

«Nein», sagte er. «Es ist viel besser.»

«Das ist mir einerlei», entgegnete ich. «Ich brauche etwas, das genau wie mein Muster ist!»

«Das da wird aber nicht für Möbel verwendet», sagte er.

«Ich finde, man kann alles, was einem gefällt, für Möbel verwenden», sagte ich streng.

«Man kann», sagte er ruhig, «aber man tut's nicht. So ein Rot wie das da verwendet man nicht. Man nimmt Türkisch-Rot.»

Ich sagte nichts mehr und ging. Der nächste Laden, den ich aufsuchte, war ein riesengroßes Schnittwarengeschäft. Den ersten Verkäufer, den ich sah, fragte ich, ob sie roten Kaliko wie mein Muster führten.

«Den finden Sie im zweiten Stock», sagte er.

Ich ging in den zweiten Stock hinauf. Dort fragte ich einen Mann: «Wo kann ich diesen roten Kaliko bekommen?»

«In der letzten Abteilung linker Hand! Dort entlang!» Und er zeigte auf eine entlegene Ecke.

Ich ging durch Scharen von Käufern und Verkäufern und um Tische und Theken, die mit Schnittwaren beladen waren, bis ich in der letzten Abteilung linker Hand war. Dort erkundigte ich mich nach rotem Kaliko.

«Zweite Theke, weiter unten!» sagte der Mann.

Ich ging hin und zeigte mein Muster. «Kalikos im Erdgeschoß!» rief der Mann.

«Im Erdgeschoß wurde mir gesagt, Kalikos hätten Sie hier?» protestierte ich.

«Nicht die ungemusterte Ware. Die finden Sie unten, auf der Rückseite des Ladens, auf der andern Seite.»

Ich ging hinunter und auf die Rückseite des Ladens.

«Wo kann ich roten Kaliko wie diesen hier bekommen?» fragte ich.

«Dunn, zeig mal die roten Kalikos!»

Mr. Dunn nahm mein Muster und betrachtete es.

«Diesen Farbton haben wir nicht in derselben Qualität», sagte er.

«Haben Sie es vielleicht in einer andern Qualität?» fragte ich.

«Ja, in einer feineren!» Er holte einen Ballen Kaliko herunter und wickelte ein paar Meter ab.

«Das ist nicht derselbe Farbton!» sagte ich.

«Nein», sagte er, «die Qualität ist feiner, und die Farbe ist besser!»

«Ich möchte, daß es hierzu paßt!» sagte ich.

«Ich dachte, es käme Ihnen nicht sehr darauf an, ob es paßt oder nicht!» entgegnete der Verkäufer. «Wenn man etwas Passendes wünscht, muß man immer beides in Betracht ziehen, den Farbton und die Qualität. Wenn Sie diese Qualität in Rot wünschen, müssen Sie Türkisch-Rot nehmen!»

Auf diese Antwort wollte ich nicht eingehen, sondern fragte nur: «Sie haben also nichts, was dazu paßt?»

«Nein, Sir. Aber vielleicht haben sie es in der Dekorationsabteilung. Im sechsten Stock!»

Ich nahm den Lift und fuhr ins oberste Stockwerk des Hauses. «Haben Sie irgendeinen roten Stoff wie den hier?» fragte ich einen jungen Mann.

«Roten Stoff? Dekorationsabteilung – am andern Ende!»

Ich ging ans andere Ende des Stockwerks. «Ich möchte roten Kaliko haben», sagte ich zu einem Verkäufer.

«Bezugsstoff für Möbel?» fragte er.

«Ja», sagte ich.

«Vierter Ladentisch links!»

Ich ging zum vierten Ladentisch links und zeigte einem Verkäufer mein Muster. Er betrachtete es und sagte: «Das bekommen Sie im Erdgeschoß, Kaliko-Abteilung!»

Ich kehrte ihm den Rücken zu, fuhr mit dem Lift hinunter und trat ins Freie. Roter Kaliko hing mir zum Halse heraus. Aber ich wollte noch einen letzten Versuch machen. Meine Frau hatte ihren roten Kaliko vor nicht sehr langer Zeit gekauft, also mußte er irgendwo zu haben sein. Ich hätte sie fragen sollen, wo sie ihn gekauft hatte, aber ich hatte geglaubt, so etwas Einfaches bekäme man überall.

Ich steuerte auf ein anderes großes Schnittwarengeschäft los. Als ich durch die Türe trat, fing ich plötzlich an zu zittern. Ich konnte mich nicht überwinden, das rote Muster hervorzuholen. Hätte ich irgendein anderes Läppchen bei mir gehabt – einen Tintenlappen oder dergleichen –, hätte ich am liebsten gefragt, ob sie etwas dazu Passendes führten.

Aber ich faßte Mut, stellte einer jungen Dame die übliche Frage und zeigte ihr mein Muster.

«Theke links, weiter hinten!» sagte sie.

Ich ging hin und fragte die Verkäuferin hinter der Theke: «Haben Sie einen roten Kaliko wie den hier?»

«Nein, Sir», antwortete sie, «aber wir haben ihn in Türkisch-Rot!»

Schon wieder Türkisch-Rot! Ich gab es auf. «Meinetwegen», sagte ich, «dann geben Sie mir Türkisch-Rot!»

«Wieviel, Sir?» fragte sie.

«Mir egal», sagte ich. «Also meinetwegen fünf Meter!»

Sie blickte mich ziemlich seltsam an, schnitt aber fünf Meter Kaliko in Türkisch-Rot ab. Dann klopfte sie auf den Ladentisch und rief: «Kasse!» Ein kleines Ding mit zwei langen blonden Zöpfen kam gemächlich näher. Die Verkäuferin schrieb alles auf einen Papierwisch: die Meterzahl, den Namen der Ware, den Preis, den Betrag des Geldscheins, den ich ihr gegeben hatte, und wahrscheinlich noch allerlei anderes, meine Augenfarbe, die Windrichtung und so weiter. Das alles übertrug sie in ein kleines Buch, das sie bei sich hatte. Dann gab sie dem blondbezopften Mädchen den Zettel, das Geld und den Stoff. Das junge Mädchen trug alles in ein kleines Buch ein, das sie bei sich führte, und dann entfernte sie sich – mit dem Kaliko, dem Zettel und dem Geld.

Nach endlos langer Zeit – während das junge Mädchen wahrscheinlich die Ware, das Geld und den Zettel zur Hauptkasse trug, wo der Geldschein in Empfang genommen und Betrag und Nummer in ein Buch eingetragen wurden, Wechselgeld ausgehändigt, Zettel geprüft und übertragen und die Ware eingewickelt wurde, die Nummer des Mädchens verglichen, ihre Zöpfe gezählt, auf einen Zettel geschrieben und von dem Mädchen in ihr Buch eingetragen wurden, dann das Mädchen selbst zu einem Hydranten geführt und gewaschen wurde, die Nummer des Handtuchs auf einen Zettel geschrieben und in das Buch des Mädchens eingetragen und die Nummer meines Geldscheins auf einen Zettel geschrieben und in das Buch des Mädchens eingetragen wurde – kam das

Mädchen wieder zu mir und brachte mir das Wechselgeld und das Paket mit dem roten Kaliko.

Für die Arbeit in meinem Büro blieb mir an jenem Nachmittag nur noch wenig Zeit, und als ich nach Hause kam, gab ich meiner Frau das Paket mit dem Kaliko.

Sie packte es aus und rief: «Oh, das paßt ja nicht zu dem Muster, das ich dir gab!»

«Paßt nicht?» rief ich: «O nein, es paßt nicht. Du wolltest gar nichts Passendes. Du hast dich geirrt. Was du wolltest – war Türkisch-Rot, dritte Theke links – man verwendet nämlich Türkisch-Rot!»

Meine Frau blickte mich verdutzt an, und dann berichtete ich ihr die Einzelheiten meiner Kummerreise.

«Ach was», sagte sie, «Türkisch-Rot ist sehr viel hübscher als das, was ich hatte, und du hast so viel Türkisch-Rot gekauft, daß ich das andre gar nicht zu benutzen brauche. Ich wünschte, ich hätte gleich an Türkisch-Rot gedacht!»

«Das kann ich nur unterschreiben!» sagte ich.

Quellennachweis

An dieser Stelle danken wir den nachstehenden Rechtsinhabern, die uns den Nachdruck folgender Beiträge gestatteten: Diogenes Verlag, Zürich: *William Somerset Maugham · Louise* (aus: «Weltbürger»); Scherz Verlag, Bern und München: *André Barbault · Verhaltene Liebe, Perfektionismus im Beruf* und *Das liebe Geld* (aus: «Charakter und Schicksal des Menschen im Tierkreis»), *Carole Golder · Traumpartner der Liebe* (aus: «Die Kunst, ein Sternzeichen zu verführen»), *Linda Goodman · Ihr Geheimnis in der Liebe* (aus: «Sternzeichen der Liebe»), *Die Jungfrau als Chef – ein Organisationstalent* und *Der Jungfrau-Angestellte ist absolut zuverlässig* (aus: «Astrologie – sonnenklar»), *Liz Greene · Im Einklang mit sich selbst* und *Die dunklen Seiten* (aus: «Sag mir dein Sternzeichen, und ich sage dir, wie du liebst»), *Carola Martine · Sinnlichkeit im Zeichen der Jungfrau* und *So fängt man's an* (aus: «Die Sinnlichkeit der Sternzeichen») und *Joseph Polansky · Kleines Psychogramm* (aus: «Glückszeichen der Sterne»); den Erben von Elisabeth Schnack: *Julia O'Faolain · Ihre Handelsmarke.*
In jenen Fällen, in denen es nicht möglich war, den Rechtsinhaber resp. Rechtsnachfolger zu eruieren, konnte ausnahmsweise keine Nachdruckerlaubnis eingeholt werden. Honoraransprüche der Autoren oder ihrer Erben bleiben gewahrt.